CRITIQUE

DU LIVRE INTITULÉ :

BASES FONDAMENTALES DE L'ÉCONOMIE POLITIQUE, D'APRÈS LA NATURE DES CHOSES;

FAITE DANS LA REVUE ENCYCLOPÉDIQUE, PAR M. CHARLES COMTE.

RÉIMPRIMÉE AVEC DES NOTES,

PAR L.-F.-G. DE CAZAUX,

ANCIEN ÉLÈVE DE L'ÉCOLE POLYTECHNIQUE.

Le temps des systèmes est passé ; celui des vagues théories également.

M. J.-B. SAY, *Cat. d'Éc. polit.*, 3.e édit. Paris, 1826 ; p. iij.

(OBJET DES NOTES. — Découvertes des Économistes. — Théorie des Échanges et des Débouchés. — But de l'Économie politique. — École Polytechnique. — Balance du Commerce. — Fonctions de la Monnaie. — Monnaie de papier. — Cause du Fermage. — Morale industrielle. — Prohibitions. — Nature de la Richesse : Conséquences. — Machines. — Si la Terre est productrice de Richesse ? — Sur l'Éducation des Hommes et des Femmes. — Que M. COMTE n'ignore pas combien il est difficile de faire un bon ouvrage. — Questions à M. SAY, accompagnées de réflexions.)

PARIS,

M.me HUZARD, rue de l'Éperon, n.° 7 ;
DELAUNAY, Palais-Royal, G.e de bois, n.° 243-244 ;
PÉLICIER, place du Palais-Royal, n.° 243.

1827.

Écrits de l'Auteur qui se trouvent chez les mêmes libraires.

COMPTABILITÉ DE LA FORTUNE, *à l'usage de quiconque possède, et spécialement des propriétaires ruraux.* Édition revue et augmentée. Broch. in-8.°, 1825, de 62 pages. Prix, 1 fr. 25 c. (Il est bon d'avertir que, sous le titre de *Comptabilité de la Fortune*, embrassant le cercle entier des voies par où elle arrive ou s'écoule, cet Opuscule se trouve former le Liv. II de l'ouvrage suivant.)

ÉLÉMENS D'ÉCONOMIE PRIVÉE ET PUBLIQUE, *ou science de la valeur des choses et de la Richesse des individus et des nations.* Vol. in-8.°, 1825, de 251 pag. et 1 fig. Prix, 4 fr.

BASES FONDAMENTALES DE L'ÉCONOMIE POLITIQUE, *d'après la nature des choses.* Vol. in-8.°, 1826, de xx et de 220 pag. Prix, 4 fr.

EXTRAIT

« 197. *Bases fondamentales de l'Économie politique, d'après la nature des choses;* par L.-F.-G. DE CAZAUX, avec cette épigraphe, tirée de Bossuet : « La vraie fin de la poli- » tique est de rendre la vie commode et les » peuples heureux. » Paris, 1826; Madame HUZARD, in-8.º de 220 pages; prix 4 fr.

» M. de Cazaux est un écrivain rempli de bonnes intentions; il ne faut, pour en être convaincu, que lire l'épigraphe de son ou- vrage; malheureusement il faut quelque chose de plus que des intentions pour faire un bon ouvrage.

» L'auteur doute, d'abord, si depuis les temps anciens jusqu'au temps présent, il a été découvert une seule vérité en Économie politique : d'où il suit qu'il considère tous les écrits relatifs à cette science, qui ont été publiés depuis un siècle au moins, ou comme des tissus d'erreurs, ou comme de vaines amplifications (A).

» M. de Cazaux a une foi pleine et entière dans la *balance du commerce;* c'est pour lui l'armet de Mambrin. Qui pourrait avoir la pensée de le lui enlever? Ce serait une tentative superflue; et, si elle réussissait, elle lui ferait tant de peine! Qu'on en juge par cette exclamation que lui arrachent les doctrines des Économistes : « Quoi (B)!..... ils ont pro-
» noncé que la *balance du commerce* est un
» vain mot, une absurdité surannée, sou-
» verainement ridicule, etc., etc. En vérité,
» nous ne revenons pas de l'étonnement que
» cela nous cause (C).

» L'amour de la balance du commerce ne va point sans les prohibitions, ou sans des droits de douane qui en tiennent lieu. Aussi, M. de Cazaux prêcherait-il volontiers une croisade contre la liberté du commerce. Quel danger pour l'état, si chacun avait la faculté d'échanger sa propriété contre une autre propriété qui lui paraîtrait préférable! N'est-il pas clair que, si chacun faisait bien ses affaires, tout le monde serait ruiné? Quoi! cet homme qui demeure en deçà du Rhin, offre de me donner pour dix francs une marchandise de mauvaise qualité; et l'on me permettrait d'acheter une marchandise d'une qualité supérieure, d'un homme qui demeure au-delà du Rhin, et qui veut me la donner à un prix moins élevé! Ce serait vraiment un scandale! Ne suis-je pas tenu en conscience de donner la préférence à celui qui a sur son concurrent l'avantage inestimable d'être soumis au même préfet que moi, d'être surveillé par la même police, d'être rançonné par le même percepteur, d'être emprisonné par les mêmes gendarmes (D)?

» Les Anglais établissent chez eux la liberté du commerce; mais, prenez-y garde, c'est un piége qu'ils nous tendent; M. de Cazaux nous en avertit. Ces marchands anglais sont si perfides, qu'ils seraient capables de nous déterminer à leur acheter des marchandises que nous trouverions agréables, commodes et peu chères! Aussi, nos ministres et nos douaniers nous mettront à l'abri de ce danger; et si M. Huskisson venait encore demander quelque changement à nos tarifs, nous lui

répondrions, en lui envoyant les *Bases fon-*
damentales de l'Économie politique, qui sont
et seront encore long-temps ignorées dans son
pays et dans beaucoup d'autres (E).

» A l'amour de la balance du commerce
et des prohibitions, M. de Cazaux joint l'aversion des machines; non sans doute qu'il les
proscrive toutes indistinctement. Je ne trouve
pas qu'il ait condamné la plume (F), au moyen
de laquelle il a écrit son livre, ni le canif
avec lequel il l'a taillée, ni l'enclume, le
marteau et la lime qui ont servi à faire le
canif; ni les machines avec lesquelles on a
produit le papier sur lequel il a écrit; ni
les presses avec lesquelles l'imprimeur a multiplié les copies de son ouvrage, ni les machines avec lesquelles celles-là ont été faites.
C'est grâce à ces machines que nous avons
pour cinquante sous un livre que nous ne
pourrions avoir, à moins de le payer deux
ou trois mille francs, si M. de Cazaux avait
été obligé de l'écrire sur du papyrus, ou sur
des tablettes couvertes de cire; encore eût-il
fallu quelques grossières machines pour nous
procurer cette jouissance. Il doit donc nous
pardonner si les machines ne nous inspirent

pas la même aversion qu'à lui. Il n'en est qu'une qu'il ne condamne pas, quant à présent : c'est la charrue. Mais son tour viendra ; rapportons-nous-en à M. de Cazaux : *pour le moment*, dit-il, *il faut continuer à employer toutes les machines qui facilitent la multiplication des produits élémens de l'aisance.* Lorsque nous aurons supprimé la charrue, nous supprimerons la bêche, et nous serons arrivés au dernier terme de la perfection, quand nous serons réduits à gratter la terre avec les mains, et à déchirer notre proie avec les dents (g).

» J'aurais voulu trouver dans l'ouvrage de M. de Cazaux quelque pensée originale, quelque idée utile qui n'eût pas été exprimée avant lui. Mais j'ai vainement cherché : tout ce qu'il a dit a été dit par d'autres et mieux (h). Il se plaint que le grec et le latin fassent le fond de l'enseignement (i) : il paraît regretter le temps où les femmes passaient leurs journées à tricoter, et où les princesses allaient laver leur linge à la fontaine (k). Nous sommes loin de cette heureuse simplicité, et j'ai bien peur que nous n'y retournions pas de long-temps. On assure qu'aux États-Unis d'Amérique, le président, quand la saison est venue, va faire ses foins, et visiter ses champs tout comme ferait un autre citoyen. Cette simplicité vaut bien celle que désire M. de Cazaux. Nous pourrions nous en contenter, dût-elle nous condamner à tolérer la charrue.

» CHARLES COMTE (L). »

NOTES.

(Pour abréger, on désignera : 1.° le *Traité d'Économie politique*, de M. J.-B. Say, 4.° édit., Paris, 1819, par le volume et la page ; 2.° le *Catéchisme d'Économie politique*, du même auteur, 3.° édit., Paris, 1826, par l'initiale C et la page ; 3.° l'*Encyclopédie progressive* (article *Économie politique*, du même auteur), Paris, 1826, par l'initiale E et la page.)

(A) *Que les Économistes ont découvert beaucoup de vérités.*

« Les anciens n'avaient aucune idée juste sur la nature et les fondemens de la Richesse, sur la manière dont elle se distribue et sur les résultats de sa consommation. » (I, xxxij.) « Toutes nos connaissances, même les plus importantes, ne datent que d'hier. » (I, lxvij.) « Il n'y avait pas avant Smith d'Économie politique. » (I, xlix.)

(DEMANDE : Si la science de la Richesse (Économie politique des modernes) était ignorée avant Smith, comment les Tyriens, les Carthaginois, les Athéniens, les Corinthiens, les Corcyriens, les Marseillais, etc., etc.; les Vénitiens, les Gênois, les Pisans, ceux des Pays-Bas, ceux des Villes Anséatiques, les Portugais, les Hollandais, etc., se sont-ils enrichis?)

« En 1776, Adam Smith, sorti de cette école écossaise qui a donné tant de littérateurs, d'historiens, de philosophes et de savans du premier ordre, publia son livre intitulé : *Recherches sur la nature et les causes de la Richesse des nations*. Il démontra que la Richesse était la valeur échangeable des choses (DEMANDE : l'ignorait-on ?) ; qu'on était d'autant plus riche qu'on avait plus de choses qui eussent de la valeur (DEMANDE : l'ignorait-on ?) ; et que, comme la valeur pouvait être donnée, ajoutée à une matière, la Richesse pouvait se créer (DEM. : l'ignorait-on ?), se fixer dans des choses auparavant dépourvues de valeur, s'y conserver, s'accumuler, se détruire (DEM. : l'ignorait-on ?). Cherchant ce qui donne aux choses cette valeur, Smith trouve que c'est le travail de l'homme, qu'il aurait dû appeler industrie, parce que le mot *industrie* embrasse des parties que le mot travail n'embrasse pas (1) (DEM. : l'ignorait-on ?

____

(1) « Smith attribue au seul travail de l'homme le pouvoir de produire des valeurs. C'est une erreur. Une analyse plus exacte prouve que ces valeurs sont dues à l'action du travail, ou plutôt de l'industrie de l'homme, combinée avec l'action des agens que lui fournit la nature, et avec celle des capitaux. » (I, liij.) En effet, « Si l'on veut faire du sel, la nature fournit gratuitement l'eau de la mer et la chaleur du soleil qui en opère l'évaporation ; si l'on veut transporter des produits commerciaux, la nature fournit encore la mer ou les rivières, comme autant de routes liquides ; elle fournit la force des

le proverbe , *le travail est un trésor* , n'est-il pas aussi ancien que le monde ?). Il tire de cette démonstration féconde des conséquences multipliées et importantes (OBSERV. : on en verra quelques-unes dans ces notes)..... qui n'ont été attaquées que par des personnes trop légères pour avoir bien conçu le principe, ou par des esprits naturellement faux , et , par conséquent, incapables de saisir la liaison et le rapport de deux idées. » (I , xlvij-xlix.)

« Smith a fait sentir la fausseté de tous les systèmes d'Économie ; mais il n'a pas plus élevé l'édifice de cette science, que Bacon n'a créé la logique. » (I , lx.)

« Depuis Smith, on a fait , soit en Angleterre, soit en France , sur l'Économie politique , un grand nombre de brochures, dont quelques-unes ont plusieurs volumes, sans en être moins des brochures , c'est-à-dire , sans qu'on ait plus de motifs de les conserver comme dépôts d'une instruction durable. » (I , lx , lxj.)

« Cependant , on n'avait pas encore de véritable traité d'Économie politique. » (I , lxj.)

« Pour me mettre en état d'essayer cet utile

vents pour pousser les navires. Si l'industrie manufacturière veut construire des horloges ou des montres , la nature fournit de même la gravitation qui fait descendre des poids , ou l'élasticité des ressorts qui fait marcher les rouages. » (C. 35.) (DÉM. : Ignorait-on tout cela avant M. Say ?)

ouvrage, j'ai dû étudier ce qu'on avait écrit avant moi, et l'oublier ensuite. » (I , lxj.)

« Ce qu'on était en droit d'attendre des lumières du siècle et de cette méthode qui a tant contribué aux progrès des autres sciences, c'est que je remontasse constamment à la nature des choses, et que je ne posasse jamais aucun principe métaphysique qui ne fût immédiatement applicable dans la pratique ; de manière que , toujours comparé avec des faits connus, on pût facilement trouver sa confirmation dans ce qui découvre en même temps son utilité. Ce n'est pas tout : il fallait exposer et prouver brièvement et clairement les solides principes posés avant moi (Obs. : Ceux ci-dessus, sans doute , découverts par Smith), établir ceux qui n'avaient pas encore été posés (Obs. : Tels que ceux donnés précédemment en note), et lier le tout , de manière qu'on pût s'assurer qu'il ne s'y trouve plus de lacune importante , plus de principe fondamental à découvrir. Il fallait nettoyer la science de beaucoup de préjugés ; mais ne s'attacher qu'aux erreurs accréditées, et aux auteurs qui se sont fait un nom. Quel mal peuvent faire un écrivain inconnu ou une sottise décriée? Il fallait préciser les expressions au point que chaque mot ne pût jamais être entendu de deux façons différentes , et réduire les questions à leurs termes les plus simples, pour qu'on pût avec facilité découvrir toutes les erreurs , et sur-tout les miennes. Il fallait enfin rendre là doctrine tellement populaire, que tout homme doué d'un sens droit pût la saisir dans son ensemble et dans ses détails , et en appliquer les principes à toutes les circonstances de la vie. » (I , lxj-lxiij.)

M. Say ayant ainsi élevé l'édifice de la science , dont Smith n'avait fourni que quelques matériaux, désormais, « Si l'autorité est jalouse de connaître les conséquences bonnes ou mauvaises de ses plans , elle peut consulter l'Économie politique comme elle consulte l'hydraulique lorsqu'elle veut construire une pompe ou une écluse. » (I , lxxxiij.)

La théorie des échanges et des débouchés, « conception qui doit changer la politique du monde » (E. 239.), a sur-tout fondé la réputation de M. Say. La voici tout entière, telle que lui-même, dans son plus récent ouvrage, la dévoile par degrès à ses lecteurs, procédant méthodiquement du connu au connu, de l'évident à l'évident, non sans l'altérer quelque peu à la fin, ce qui est mal.

« *Que signifie, en parlant d'une marchandise, ce qu'on appelle : l'Étendue de ses débouchés ?*

» *C'est la facilité d'en vendre une plus ou moins grande quantité.*

» *Quelles sont les causes qui étendent le débouché d'un produit particulier ?*

» C'est d'abord le bon marché auquel il peut être établi par comparaison avec son utilité, avec les services qu'il peut rendre; et, en second lieu, c'est l'activité de la production de tous les autres produits.

» *Pourquoi le bon marché d'un produit étend-il ses débouchés ?*

» Les familles qui habitent un canton, en contribuant à une production ou à une autre, gagnent chaque année des revenus très-divers : les unes cent écus, les autres mille, d'autres cent mille écus et davantage. On fait des gains annuels qui s'élèvent à toutes les sommes intermédiaires; les plus nombreux sont les plus modiques, et les plus gros sont les plus rares. Vous comprenez dès-lors qu'un produit se vendra en quantité d'autant plus grande, qu'il sera plus utile et qu'il coûtera moins cher; car ces deux conditions le font désirer de plus de monde, et permettent à plus de monde de l'acquérir.

» *Pourquoi l'activité dans la production de tous les autres produits augmente-t-elle les débouchés de chaque produit en particulier?*

» Parce que les hommes ne peuvent acheter un produit particulier qu'ils ne produisent pas, qu'à l'aide de ceux qu'ils produisent. Plus il y a de gens qui produisent du blé, du vin, des maisons, et plus les gens qui produisent du drap peuvent vendre d'aunes de leur marchandise.

» *Les producteurs ne sont donc pas intéressés à habiter un pays où l'on produit peu ?*

» Non sans doute ; il se vend maintenant en France bien plus de marchandises que dans les temps de barbarie, par la raison qu'on en produit beaucoup plus qu'à ces malheureuses époques. Les producteurs, en s'y multipliant, y ont multiplié les consommateurs ; et chaque producteur, en produisant davantage, a pu multiplier ses consommations.

» Nous produisons tous les uns pour les autres. Le fermier, ou fabricant de blé, travaille pour le fabricant d'étoffes : celui-ci travaille pour le fermier ; le quincailler vend ses serrures au banquier : celui-ci reçoit et paie pour le quincailler ; le droguiste fait venir des couleurs pour le peintre : le peintre fait des portraits pour le marchand. Tout le monde est utile à tout le monde ; et chacun fait d'autant plus d'affaires, que les autres en font davantage.

» *Le commerce étranger n'est donc pas indispensable pour ouvrir des débouchés à notre industrie ?*

» Non ; mais le commerce que nous faisons avec l'étranger étend nos productions et notre consommation. Si nous n'avions pas en France de commerce au-dehors, nous ne produirions pas de café, et nous n'en consommerions pas ; mais, par le moyen du commerce avec l'étranger, nous pouvons produire une immense quantité de café; car, en produisant des étoffes que nous échangeons contre cette denrée d'un autre climat, nous produisons notre café en étoffes (1).

» *Dans quel cas les nations étrangères offrent-elles le plus de débouchés à notre industrie ?*

» Lorqu'elles sont industrieuses elles-mêmes, et d'autant plus que nous consentons à recevoir plus de produits de leur industrie. (*Ne convient-il pas d'ajouter :* pourvu que ces produits ne soient pas ceux que nous-mêmes nous fabriquons?)

(1) « L'Économie politique n'est pas la politique » (C. v.), sans quoi nous dirions à M. Say : Au lieu de produire incessamment en étoffes du café, qui a l'inconvénient d'empêcher de dormir les riches oisifs sans laisser (ce qui mérite une bien plus sérieuse attention) sans laisser de trace utile dans le pays, ne serait-il pas préférable de produire en étoffes, par les mains des classes pauvres que ces étoffes habilleraient, des choses utiles qui incessamment changeraient en bien la face du pays? Des impôts qui, progressivement, viendraient à frapper la consommation des objets de luxe, sur-tout étrangers, n'amèneraient-ils pas progressivement cet utile résultat ? Ne contraindraient-ils pas les riches à ne faire enfin que des dépenses profitables à eux-mêmes et, par conséquent, au pays? ou bien, l'énorme impôt mis sur la consommation des objets de luxe, faisant passer dans le trésor la majeure partie des sommes qu'on voudrait follement dépenser, ne mettrait-il pas le gouvernement à même de faire faire, lui, par les pauvres, les travaux utiles que ces sommes, dans les mains des riches, eussent dû payer? N'est-ce pas là l'infaillible moyen de faire disparaître la misère d'un pays, et de redoubler incessamment la prospérité, la Richesse de ce pays, etc., etc. ? (*Voy. nos précédens écrits.*) Mais « L'Économie politique n'est pas la politique » (C. v.), et cette note est, en conséquence, fort déplacée. Nous demandons à M. Say pardon de l'interruption.

» *Notre intérêt n'est donc pas de détruire leur commerce et leurs manufactures ?*

» Au contraire, la Richesse d'un homme, d'un peuple, loin de nuire à la nôtre, lui est favorable (*Ne convient-il pas d'ajouter :* si ses sources sont différentes de celles de la nôtre?); et les guerres livrées à l'industrie des autres peuples paraîtront d'autant plus insensées qu'on deviendra plus instruit. » (*Ne convient-il pas d'ajouter :* si l'industrie des autres peuples n'est pas rivale de la nôtre ?)

Nota. « Il est bien nécessaire que les lecteurs qui ne trouveraient pas assez de motifs de conviction dans ce passage du Catéchisme d'Économie politique, aient recours à un ouvrage plus considérable (le *Traité d'Économie politique*, ou simple exposition de la manière dont se forment, se distribuent et se consomment les richesses, 2 vol. in-8.°, prix 15 fr.) que M. Say a constamment corrigé, et auquel il lui est permis de croire que le public a donné son approbation, puisqu'il a subi l'épreuve de quatre éditions nombreuses et épuisées, et qu'après avoir été traduit dans toutes les langues de l'Europe, il est adopté dans l'enseignement de l'Économie politique, partout où cette science est professée. » x. Pour ce qui précède le *nota*, C. ... conception que la *théorie des débou-*

chés ! Ce qui doit le plus étonner, c'est qu'elle n'ait pas encore *changé la politique du monde, d'après l'intérét bien entendu des hommes, sur lequel il est permis de compter beaucoup plus que sur les rêves de la philanthropie.* (E. 239.)

Que le fabricant de blé, le fabricant d'étoffes, le quincailler, le banquier, le droguiste, le peintre, etc., qui suivent à Paris les cours publics de M. Say, ont dû être étonnés, ébahis, en entendant, pour la première fois, débiter gravement des vérités si hautes, si relevées ; des vérités si neuves, que les petits-fils d'Adam et d'Ève, au plus tard, ont dû en avoir connaissance, puisqu'ayant inventé les arts, d'eux date la *conception* des échanges et des débouchés, avec laquelle M. Say va aujourd'hui *changer la politique du monde.*

Quoi qu'il en soit, si nous avions l'honneur de travailler à une Encyclopédie *rétrograde*, comme MM. Say et Comte travaillent à une Encyclopédie *progressive*,

Au lieu de dire avec M. Say :

— « L'Économie politique n'est pas la politique. » (C. v.)

— « L'Économie politique nous enseigne comment les richesses sont produites, distribuées et consommées dans la société. » (C. 1.) (Obs. : ce qu'apparemment ignorent les agriculteurs et les manufacturiers qui les produisent, les commerçans qui les distribuent, et tous les hommes qui les consomment.)

— « Il n'y avait pas avant Smith d'Économie politique. » (I. xlix.)

Et le reste. (Car nous ne pouvons reproduire ici tous les écrits de M. Say.)

Nous dirions :

— L'Économie politique, c'est la Politique.

— L'Économie politique ou, plus simplement, la Politique (comme la nommaient les anciens), est la science du gouvernement du pays (1) ; le bien-être de la nation est son but, ou plutôt l'indication des règles ou principes capables de le procurer, règles ou principes dont il est du

___

(1) *Économie*, d'*Oikos*, maison, et *nomos*, règle : Économie, règle pour gouverner la maison ;

Politique, de *polis*, ville : Économie politique ou simplement Politique, règle pour gouverner la ville, et, par extension, le pays.

Les Économistes, changeant incessamment le sens des mots, sont obligés d'en donner le dictionnaire pour se faire entendre. M. Say l'a fait. « Si tous les auteurs qui ont écrit sur ces matières, dit-il, s'étaient imposé la loi de donner leur dictionnaire, ils se seraient mieux fait entendre, peut-être se seraient-ils mieux entendus eux-mêmes. » (E. 274.) Si, par une citation aussi surannée, nous ne craignions pas de le faire rire, nous prendrions la liberté de faire remarquer au célèbre Économiste que quand ceux qui édifiaient la tour de Babel eurent chacun leur dictionnaire, la confusion se mit parmi eux. D'ailleurs, « Tout enseignement où, comme dans l'ancienne école, on s'occupe des mots plutôt que des choses, et des formes de l'argumentation plutôt que de la recherche de la vérité, n'étant propre qu'à dépraver l'entendement et le bon sens d'un peuple, est funeste à la société et tend à la barbarie. » (C. 158.)

devoir des gouvernans de faire usage, du moment que ces règles ou principes sont incontestablement établis.

— « Les Égyptiens sont les premiers où l'on ait su les règles du gouvernement.... Cette nation grave et sérieuse connut d'abord la vraie fin de la politique, qui est de rendre la vie commode et les peuples heureux. » (Bossuet, *Hist. univ.*) Presque toute sa législation tendait efficacement à ce but, que les Économistes modernes ont perdu de plus en plus de vue.

Et le reste. (Car nous ne pouvons reproduire ici nos précédens écrits.)

Si nous n'étions pas élève de l'École polytechnique, nous ne terminerions pas cette note sans reproduire la démonstration de M. Say prouvant *l'inutilité de l'École polytechnique.* (C. xix, 259, 260.) C'est tout ce qu'il y a de plus nouveau et de plus curieux en fait de découvertes économiques. Nous ne pouvons cependant résister à l'attrait d'en donner un échantillon.

Les *hautes connaissances* (ainsi M. Say les désigne) les *hautes connaissances* qu'on y enseigne « ont très-peu d'applications utiles aux usages de la société, et je ne sache pas (dit M. Say) qu'elle ait jamais retiré aucun avantage d'une équation du 5ᵉ degré. » (C. 259, 260.) « Des écoles où l'on enseignerait chaque année, à grands frais, plusieurs centaines de jeunes gens dans les mathématiques transcendantes, seraient des superfétations dans l'instruction publique. Elles feraient souvent le tourment de la jeunesse, causeraient la perte d'un temps précieux, altéreraient peut-être, en les fatiguant, les autres facultés de l'esprit, et seraient fort peu utiles aux individus comme à la société. » (C. 260.)

Voilà qui est très-bien ; mais, pour arriver au mieux, qu'on enseigne partout l'Économie politique, suivant les principes de M. Say, bien entendu. « Le gouvernement français vient de s'honorer à jamais, en établissant la première chaire d'Économie politique qu'on ait vue s'élever en France sous la sanction de l'autorité. » (I, lxxiij.) Et sur-tout (ce que ne dit pas M. Say) en confiant à M. Say cette chaire, du haut de laquelle, de découvertes en découvertes, et ne cessant *de travailler utilement à la diffusion des lumières* (C. xj.) (1), il arrive enfin à proclamer... *l'inutilité de l'École polytechnique.*

(B) *Que le critique n'est pas ici coupable de réticence.*

« Les Économistes n'ont pas seulement dénaturé le sens des mots, ainsi que nous l'avons vu, ils ont encore mal observé la nature des choses ;

______

(1) Plusieurs prétendent que le mot *lumières*, dans la bouche de certaines personnes, est synonyme du mot *erreurs*.

ils n'y ont eu aucun égard dans les raisonnemens d'où ils ont déduit les principes de la science. A leurs yeux, il n'y a aucune différence entre un produit et un autre produit de même valeur. Eh quoi! la transportabilité, l'altérabilité, la profitabilité, la consommabilité plus ou moins rapide ou impossible des produits, la facilité plus ou moins grande à les produire ou détruire, le degré de réelle utilité ou inutilité dont ils sont, etc., ne mettent aucune différence entre les produits de même valeur? Quoi! raisonnant sur les produits de l'industrie, les Économistes n'ont pas même fait l'importante distinction de ceux qui sont *réellement* nécessaires et de ceux qui ne le sont réellement pas, d'après notre nature? Quoi! raisonnant sur la Richesse, ils n'ont pas caractérisé ce qui réellement, en tout pays et en tout temps, constitue la *Richesse*, l'*Aisance*, la *Pauvreté?*... Quoi! les Économistes ont proclamé leurs décisions, contraires d'ailleurs à l'expérience des siècles, sans avoir eu aucun égard à ces fondamentales distinctions? Quoi! sans les avoir faites, sans les avoir données pour bases à la science, ils ont prononcé, contre l'opinion universelle, que l'argent n'est pas la mesure de la valeur des choses, que la balance du commerce est un vain mot, une absurdité surannée souverainement ridicule, etc., etc.? En vérité, nous ne revenons pas de l'étonnement que cela nous cause. » (*Bases fondamentales de l'Économie poli-tique , d'après la nature des choses ,* pages 15 et 16.)

(c) *Que la balance du commerce est un vain mot , une absurdité surannée.*

Balance du commerce. « C'est l'état des exportations d'un pays , comparé avec l'état de ses importations. » (C. 98.)

« Une nation gagne d'autant plus que la somme des produits qu'elle importe surpasse la somme des produits qu'elle exporte. » (*Idem.*)

« *Sur quel motif appuyez-vous cette conséquence ?* (demande le catéchumène ; à quoi le catéchiste répond :)

» Dans nos relations d'affaires avec les nations étrangères, la nôtre ne saurait perdre ou gagner que ce que nos compatriotes perdent ou gagnent dans ces mêmes relations ; or, nos compatriotes gagnent d'autant plus que la valeur des retours qu'ils reçoivent, surpasse davantage la valeur des marchandises qu'ils ont expédiées au-dehors. » (C. 98.) (Dem. ; au lieu de COMPATRIOTES, dans le second membre de la période, ne convient-il pas de lire COMMERÇANS ?)

« Si cent mille livres d'or anglais, dit Adam Smith, achètent du vin français qui, en Angleterre, vaut cent dix mille livres, il naît de cet échange une augmentation de dix mille livres de capital pour l'Angleterre. Un marchand qui, dans sa cave, a du vin pour cent dix mille livres, est plus riche que celui qui n'a en or dans ses coffres que pour cent mille livres..... Or, le capital d'un pays est égal à tous les capitaux particuliers dont il se forme. » (*Rich. des nat.*, livre iv.) C'est-là que M. Say a puisé, comme on voit, ses raisonnemens. (Mais, Dem. : au lieu de « augmentation de dix mille livres de capital pour l'Angleterre », ne faut-il pas lire pour le marchand ; attendu que, le vin bu, le capital de l'Angleterre sera diminué de cent mille livres, et que la France, productrice du vin, aura les cent mille livres d'or anglais, représentant le travail des producteurs du vin vendu ?)

« *Pourquoi* (demande le cathécumène, qui, pour ne pas embarrasser M. Say, se garde bien de lui faire des objections) *pourquoi beaucoup de personnes croient-elles, au contraire, que le gain d'un pays se compose de l'excédant de ses exportations sur ses importations ?*

» Parce que (répond le catéchiste triomphant) elles ignorent les procédés du commerce, et les sources d'où provient la Richesse des nations. » (C. 98, 99.)

« Mais, disent les vieux préjugés (car M. Say n'a pu réussir encore à les faire complètement taire, à ce qu'il paraît), en achetant au-dehors,

ce ne sont pas des produits que l'on donne,
c'est son argent. — Puérile terreur ! (répond
M. Say.) Les métaux ne sont-ils pas une marchandise qui, de même que toute autre, cherche le
marché où elle se place le plus avantageusement? »
(E. 249.) Mon Dieu, si : « l'Économie politique
prouve avec la dernière évidence que la monnaie
est une marchandise de même nature que toutes
les autres. » (E. 239.) Il y a cette différence,
pourtant, que l'or et l'argent ne se consomment
pas, ne *se mangent pas* (ainsi que l'ont très-
bien prouvé les Économistes (1)), sont une valeur

(1) Le croirait-on ? Toutes les nations de l'antiquité avaient cru que
l'or et l'argent monnayés se mangeaient (d'où vient qu'on dit encore, sans
doute : *Il a mangé tant de mille livres*, etc.), qu'on pouvait se loger
dédans et y trouver des meubles même. Les nations étonnées ont appris
que « On ne recherche pas la monnaie pour s'en servir comme d'un
aliment, d'un meuble ou d'un abri (*Nota* : c'est donc avec raison que
Danière dit, dans l'*Auberge pleine*, qu'il ne saurait coucher dans un
écu de six livres.); on la recherche pour la *revendre*, pour ainsi dire,
pour la redonner en échange d'un objet utile, de même qu'on l'a reçue
en échange d'un objet utile. La monnaie n'est donc point un objet de
consommation. » (I. 328.) « Ce n'est pas d'argent que vivent la société
et le gouvernement, c'est de produits. » (E. 248.)

La monnaie est-elle du moins richesse ? Écoutons M. Garnier, tra-
ducteur de Smith : « Tant que l'argent reste sous la forme de monnaie,
il n'est pas proprement richesse, dans le sens strict de ce mot, puisqu'il ne peut directement et immédiatement satisfaire un besoin ou une
jouissance. » M. Say, heureusement, combat cette opinion, et, après
une longue démonstration, conclut : « L'argent en écus est donc une
richesse aussi bien que l'indigo en barrils. » (I. 341.) Et, cependant,
« Le capital national n'est pas accru par des importations d'argent »

inaltérable, pouvant rapporter *toujours* profit, au lieu que les autres marchandises n'ont pas ces qualités, et sont des valeurs plus ou moins vite détruites; et tant pis, ainsi que l'ont prouvé les Économistes aux avares qui en doutaient, pour qui détruit des valeurs. « Puérile terreur ! » vous dit M. Say. Écoutez-le raisonner :

« Lorsque les métaux précieux, par l'effet des paiemens qui se font aux étrangers, deviennent rares dans notre pays, au point de faire monter leur valeur seulement de deux ou trois pour cent, l'intérêt du commerce est d'en faire venir ; or, le commerce ne peut faire venir des métaux précieux sans les payer, sans envoyer l'équivalent de leur valeur en produits de notre pays. Il est de la dernière évidence que nous ne pouvons nous acquitter qu'avec nos produits, ou, ce qui revient au même, avec ce que nous acquérons par le moyen de nos produits. » (C. 237.)

(C. 274.), par la raison « que la majeure partie des monnaies d'or et d'argent, quoique composées de matières durables, ne font pas partie des capitaux d'un pays. - (C. 95.) C'est donc, comme on voit, par erreur qu'on nomme *capitaliste* celui qui possède de fortes sommes d'argent : le fait est que celui qui a un million de francs en or ou en argent monnayés, à lui appartenant, ne possède pas de capital : c'est une découverte de l'Économie politique moderne. Ces découvertes sont sans nombre : nous ne mentionnons, dans cette brochure, que celles que nous conduit à mentionner la critique de M. Charles Comte.

Et voilà ce que M. Say appelle avoir *déterminé les vraies fonctions de la monnaie dans la société.* (I. xlix.) Smith a commencé, et M. Say a eu la gloire d'achever.

Il est de la dernière évidence que lorsque (entre mille autres exemples qu'on pourrait citer) Philippe II versa plus de trois milliards de livres en France et dans la Flandre, pour y solder des factions ; que lorsque, de nos jours, l'Angleterre a vu à sa solde presque toutes les puissances : l'argent de l'Espagne, l'argent de l'Angleterre s'est échangé contre des produits du pays ; car les factieux achetés par Philippe étaient un produit du pays, les armées soldées par l'Angleterre étaient un produit du pays. Enfin, il est de la dernière évidence que lorsque, durant la paix, l'argent de l'Angleterre va se placer dans tous les pays du monde à titre de prêt, c'est en échange des rentes des biens de ces pays, biens dont les Anglais deviennent ainsi propriétaires (1).

Ainsi, M. Say a complètement raison, bien plus complètement raison certainement que, aussi fin politique que grand Économiste, il ne le croit ; et les vieux préjugés ont d'autant plus de tort de l'interrompre dans ses raisonnemens, que, depuis que le monde existe, toutes les nations industrieuses se sont enrichies et ont acquis la puissance que donne la Richesse, en vendant aux autres nations leurs

______

(1) M. Say fait voir (I. xxxiv.) « combien il est nécessaire que l'Économie politique fasse partie des études de l'historien. » Nous croyons qu'il n'est pas moins nécessaire que l'histoire fasse partie des études de l'Économiste, ne fût-ce que l'histoire qui chaque jour se fait sous nos yeux, vive image de l'histoire des temps passés et des temps à venir.

produits ; tandis que l'Espagne, par exemple, l'a enfin complètement perdue, en ne cessant d'acheter les produits des autres nations : les produits sont consommés, l'or et l'argent que les Espagnols ont tirés de l'Amérique sont entre les mains des nations industrieuses qui, en vendant leurs produits, ont su les attirer ; et l'Espagne, sans argent, ne peut plus acheter ; et, sans industrie, ne peut pas rappeler son argent aliéné. Si elle ne travaille et n'exporte à son tour, la voilà réduite à se vendre. Mais quel mal y a-t-il à cela ? La politique seule y peut trouver à redire ; or, M. Say, dès la première ligne de son ouvrage, vous a soigneusement avertis que « l'Économie politique n'est pas la politique. » (C. v.) Ainsi, M. Say est parfaitement en règle : que la politique pare le coup, l'Économie politique n'a plus rien à voir dans cette affaire. Une fois pour toutes, la science de M. Say n'a rien de commun avec la science des Sully, des Colbert, des Pitt et des Canning : tous les écrits de M. Say le prouvent, et il pouvait se dispenser d'en avertir.

Disons donc aux vieux préjugés qui « ignorent les procédés du commerce et les sources d'où provient la Richesse des nations » (C. 99.), qu'ils soutiennent « des doctrines creuses, des faits imaginaires, vagues, imparfaitement observés » (II. 444) ; qu'il « sera démontré par les résultats, que les vains systèmes, les funestes théories , sont les maximes exclusives et jalouses des vieux États de l'Europe, qu'ils décorent effrontément du nom de vérités pratiques. » (I. 161.) *Effrontément* est un peu fort, mais il n'est pas de trop ici. Ajoutons, avec le célèbre Économiste qui a si bien foudroyé la balance du commerce, que « le champ des conjectures n'est fermé pour personne, mais que celui des réalités est le seul qui produise de solides récoltes » (E. 218.); car c'est une grande vérité ; et, dans ce siècle de lumières, concevons enfin l'espoir de voir clôre désormais d'un triple mur le *champ des conjectures*, et de ne voir plus faire de récoltes que dans le *champ des réalités*, qui est situé, soit dit en passant, à une très-grande distance du *champ de la métaphore et de la comparaison*, où M. Say a moissonné presque tout son article Économie politique de l'Encyclopédie progressive. Ainsi soit-il.

Il demeure donc bien constant que, « fondé sur un vieil empirisme et sur les plus sots préjugés » (I. lxvj.), « le système de la balance du commerce est une veillerie qui n'a pu naître que dans un temps où l'on ignorait quelle était la nature des richesses et les procédés qui les font naître. Il accuse par conséquent l'ignorance de ceux qui le soutiennent encore ; il n'y a rien à leur répondre, si ce n'est : Étudiez l'Économie politique. » (E. 250, 251.) Dans les ouvrages de

M. Say, c'est entendu, qui avoue n'avoir rien à répondre aux objections qu'on lui fait sur sa doctrine de la balance du commerce, et qui, par conséquent, n'y répondra jamais : il compromettrait sa science, s'il essayait de répondre à des ignorans.

Au sujet de la balance du commerce, on le voit, le *Producteur* a bien eu raison de dire, en faisant la critique des *Bases fondamentales de l'Économie politique* : « Le système mercantile a été examiné sous toutes ses faces par Smith et J.-B. Say ; Ricardo, enfin, est venu lui porter le dernier coup, le coup le plus funeste : il l'a sapé à sa base, lorsqu'il a dit que la monnaie serait sous la forme la plus parfaite si elle était de papier. Aussi, n'essayerons-nous pas à cet égard de percer l'atmosphère vulgaire dont l'auteur s'est entouré, malgré les reproches d'intolérance qu'il adresse aux Économistes modernes. Il a beau crier à l'orgueil, invoquer les passages les plus concluans de La Bruyère et de Bossuet, ce n'en est pas moins un parti très-sage, afin de ne pas éterniser des questions que l'expérience déconsidère chaque jour dans l'esprit même de leurs défenseurs, et sur lesquelles, d'ailleurs, il n'y a rien à dire. » Le Producteur, loin d'être plongé dans l'atmosphère vulgaire, se plonge dans les nuages les plus épais de la métaphysique et des abstractions. L'auteur profond du passage qu'on vient de lire, a jugé à propos de garder l'anonyme : nous n'essayerons pas de percer ce nuage ; peut-être M. Charles Comte pourrait-il le faire avec succès, car on dit qu'il travaille aussi dans le Producteur.

Quoi qu'il en soit, il est frappant de vérité que les raisonnemens que l'auteur des *Bases fondamentales de l'Économie politique* fait sur l'argent, au sujet de la balance du commerce, ne sont nullement applicables à la monnaie de papier. Si la monnaie, en effet, était de papier, la nation qui importe les produits d'une autre pourrait, sans fin, les payer : elle n'aurait pas de long-temps à craindre de voir cette monnaie s'épuiser. Il est probable, à la vérité, que la nation qui fournirait les produits ne se contenterait pas long-temps de cette monnaie, malgré que la nation qui la lui donnerait lui protestât en conscience, Ricardo et le Producteur à la main, qu'elle est sous la forme la plus parfaite.

Quel dommage que la monnaie ne soit pas sous la forme la plus parfaite ! L'Espagne se trouverait dans un état bien plus prospère, et elle aurait beau donner de cette monnaie, elle ne s'appauvrirait pas. La pauvre Espagne ! elle veut bien donner aux banquiers de tous les pays de cette monnaie, en échange de monnaie moins parfaite d'or et d'argent ou de lingots de ces métaux ; mais personne n'en veut. Espérons qu'à force de raisonner, on amènera enfin tout le monde à préférer à la monnaie d'or et d'argent, la monnaie plus parfaite de papier. Ce triomphe portera au comble la gloire des Économistes, flambeaux de notre époque.

Ayant nommé Ricardo, le Say de l'Angleterre, qu'on nous permette de réparer un oubli bien involontaire. Ce grand Économiste et M. Malthus, son compatriote, ont fait faire un pas immense à la science, à la suite de leurs très-longues, très-laborieuses, très-profondes, très-métaphysiques et, par conséquent, très-lumineuses discussions, desquelles il est résulté enfin, si nous ne sommes pas dans l'erreur, que la vraie raison pour laquelle la terre est affermée, est qu'elle rend, ou est supposée rendre, au-delà de ce qu'elle coûte à cultiver. Nous ne garantissons pas l'exactitude des démonstrations, que notre esprit trop obtus ne saurait entendre ; mais, quant à la vérité de la conséquence, nous nous en portons garant, ayant en main un certificat, signé de tous les fermiers du canton, qui nous rassure pleinement à cet égard. Cela et la monnaie de papier mettent Ricardo au niveau de M. J.-B. Say, ou bien peu s'en faut. L'Angleterre préfère Ricardo ; mais l'*Europe éclairée* (voir la note suivante), mais l'*Europe éclairée* décerne la palme à M. Say, et nous croyons que l'*Europe éclairée* a raison ; car, « c'est la théorie du levier, du plan incliné, qui a mis la nature entière à la disposition de l'homme ; c'est celle des échanges et des débouchés qui changera la politique du monde. » (C. xij.)

En attendant, « S'il est quelque chose de bien démontré en Économie politique, c'est assurément l'absurdité de la balance du commerce. » C'est le Producteur qui le dit : nous devons l'en croire.

Ne laissons pas le Producteur sans dire que l'anonyme glisse dans l'article qu'il nous a consacré une grande et bien précieuse découverte : c'est que les funestes effets du luxe sur les nations ne sont dus qu'à *l'absence d'une* MORALE INDUSTRIELLE. Le critique va donner cette *Morale industrielle* dans un des prochains numéros du Producteur, moyennant quoi, nous pourrons sans crainte nous abandonner plus que jamais à toutes les jouissances du luxe le plus effréné. En finissant son article, l'anonyme du Producteur dit que, dans notre livre, « On trouve des assertions arith-métiques, qui feraient croire que jusqu'à ce jour les mathématiciens, comme les Économistes, n'ont réussi qu'à embrouiller les idées les plus claires. La manière dont l'auteur calcule l'intérêt des prêts opérés par la Caisse hypothécaire, si elle repose *sur la nature des choses*, est néanmoins contraire aux lois connues de l'arithmétique, et jusqu'à nouvel ordre, entièrement inadmisible. » Nous savions bien qu'en Économie politique

il peut y avoir autant, et plus même, de ma-
nières de voir qu'il y a de gens qui s'occupent
de cette science ; mais nous avions cru qu'il ne
pouvait y avoir, en arithmétique, en mathématiques, qu'une seule manière de voir. Nous étant,
il y a quelque vingt-cinq ans, un peu occupé
de mathématiques, nous serions désolé d'avoir
pu blesser une seule de leurs lois. Le critique
serait donc bien aimable, s'il voulait nous indi-
quer laquelle des lois de l'arithmétique (supposé
qu'il en connaisse aucune) nous avons blessée
dans nos calculs relatifs à la Caisse hypothécaire.
Pour faciliter sa réponse, nous lui dirons que
c'est de l'algèbre que nous avons fait usage pour
arriver immédiatement aux résultats qu'il conteste.
Si les lois de l'algèbre et les lois de l'arithmétique
se contredisent, et que le critique nous le prouve
à l'aide de longs raisonnemens métaphysiques,
nous jetons notre bonnet, et renonçons à jamais
à la science conjecturale nommée mathématiques, pour nous jeter à corps perdu dans la
métaphysique, science tout-à-fait positive, que
nous nous repentons bien d'avoir négligée et souverainement méprisée. Voilà qui est fini avec le
Producteur : nous le remercions beaucoup de nous
avoir fait aussi peu de reproches.

(D) *Que les prohibitions, que les droits de douane sont une absurdité.*

L'idée du critique est féconde et nouvelle ! Quel trait de lumière !... On se hâte de la compléter ici, avant qu'aucun Économiste s'en empare. On se flatte qu'elle attirera la haute attention, non de nos ministres routiniers (ils sont incorrigibles, ni plus ni moins que les déclamateurs), mais de l'*Europe éclairée*, c'est-à-dire, *approbatrice* des écrits de M. J.-B. Say. (*Voir ci-après.*)

Français ! Le blé de la Russie, rendu d'Odessa à Marseille, ne coûte que 5 francs l'hectolitre : il est meilleur que celui qu'en France on paie 12 francs l'hectolitre : laissez le blé de vos compatriotes, achetez le blé de la Russie. Chacun y gagnera, même les 17 millions de Français qui font croître le blé que consomme la France.

Les chevaux, les bœufs, tous les animaux sont à meilleur marché en Allemagne qu'en France : Français ! achetez les bestiaux de l'Allemagne, laissez ceux de France. Chacun y gagnera, même les Français qui s'adonnent à élever les bestiaux que consomme la France.

Les produits manufacturés de l'Angleterre sont meilleurs et coûtent bien moins que ceux qu'on fabrique en France : Français ! achetez les produits manufacturés de l'Angleterre, laissez ceux de France. Chacun y gagnera, même les Français qui fabriquent les produits manufacturés que consomme la France.

Que si l'on vous fait l'objection que, les Français n'achetant plus les produits des Français, les Français cesseront d'avoir du revenu et de pouvoir acheter les produits des étrangers, riez au nez de celui qui vous la fera, et, haussant les épaules, continuez à répéter à cette occasion, puisque le maître l'a dit : « Si tout le monde y gagne, comment la nation y perdrait-elle? » (C. 106.) (1)

Que si l'on insiste, dites, par pure pitié : Personne ne peut donner le vin, les soieries, à meilleur marché que la France; que la France se couvre de vignes et de mûriers, et donne son vin et ses soieries à la Russie qui fournira le blé, à l'Allemagne qui fournira les bestiaux, à l'Angleterre qui fournira les produits manufac-

____

(1) Il y a entre cette phrase et la phrase ironique du critique « N'est-il pas clair que, si chacun faisait bien ses affaires, tout le monde serait ruiné? » un tel air de famille, qu'on les croirait sorties de la même plume. Une chose assez remarquable, au reste, c'est que le critique ne nomme jamais M. Say, dont nous avons combattu les opinions à chaque page de notre livre. Au contraire, l'anonyme qui critiqua nos Élémens, lorsqu'à peine nous avions osé combattre M. Say, chercha à nous écraser sous le poids d'un tel nom. A quoi attribuer ce changement de conduite? Pourquoi s'est-on ravisé? Nous l'ignorons.

turés. Tout le monde y gagnera; et, « Si tout le monde y gagne, comment la nation y perdrait-elle ? » (C. 106.)

Que si, croyant vous pousser à bout, on objecte qu'il est peu politique de se mettre, sur-tout pour les subsistances et les autres objets des essentiels besoins, à la merci des nations étrangères, répondez sans hésiter : « L'Économie politique n'est pas la politique » (C. v.), et fermez ainsi la bouche aux ignorans.

Que si, après cela, on s'avise de remuer, de sourciller, appelez *têtes nébuleuses* (C. x.), *cervelles contrefaites* (I, xxv.), *champions nés de toute espèce d'ignorance* (I, lxvj.), *esprits faux, incapables de saisir la liaison et le rapport de deux idées* (I, xlix.), *gens à vues étroites et à présomption large* (I, xxiv.), etc., etc., etc. (Voir à cet égard les écrits de M. Say), ceux que tant de raisons ne satisferont pas. Dites bien haut que vous avez raison ; laissez-le proclamer dans vingt journaux, par des amis, qu'à leur tour on élèvera aux nues dans ces mêmes journaux : vous triompherez, n'en doutez pas ; et, moyennant qu'on signale dans ces mêmes journaux comme *complètement ignorant*, et, au besoin, comme *ridicule*, quiconque osera dans des écrits attaquer vos écrits, de votre vivant du moins, vous jouirez en paix de l'immortalité, ce qui est fort doux et même lucratif. Qui appelle-t-on maintenant *le Représentant de l'Éco-nomie politique en France?* Quel nom, tout ré-cemment, a-t-on mis à côté de ces noms : Newton, Lagrange, La Place, faisant entendre qu'attaquer la science du premier est encore plus téméraire qu'attaquer la science des trois derniers (1)? Quel

(1) « Si quelque amateur d'astronomie se mettait dans la tête que la terre est plate et que la lune est immobile, s'il publiait une bro-chure pour le prouver, et s'il essayait, dans cette brochure, d'exhumer les rêveries des vieux âges, en accusant d'ineptie Newton et La Place, j'avoue que je serais fort embarrassé de lui répondre. Que dirai-je donc de M. Canard qui compose un petit pamphlet tout exprès pour faire l'éloge de la balance du commerce, des prohibitions, des douanes, et qui regarde comme des causes prochaines de la ruine du com-merce français, précisément les seuls moyens qui nous restent de le faire prospérer? » (Article anonyme, inséré dans le *Courrier français* du 18 juillet 1826.)

Partial critique, maladroit panégyriste, pauvre astronome et plus pauvre Économiste, voici comme il fallait dire :

Si un Henri IV, un Sully; un Louis XIV, un Colbert; une Élisabeth, et une longue suite de grands ministres anglais; si, en dernier lieu, Bonaparte, et, sous nos yeux, le gouvernement du Roi, avec le système de la balance du commerce, des prohibitions, des douanes, avaient réussi à créer, à porter au point où nous les voyons l'industrie de la France, l'industrie de l'Angleterre ; et *Si*, dans cet état des choses, *quelque amateur d'Économie politique se mettait dans la tête que la balance du commerce, les prohibitions, les douanes, sont nuisibles au développement de l'industrie indigène, s'il publiait une brochure pour le prouver, et s'il essayait, dans cette brochure, d'*inhumer *les opinions des vieux âges, en accusant d'ineptie tous les grands hommes qui les ont adoptées et tous ses semblables qui conti-nuent d'y applaudir, nous serions frappé du plus extrême étonne-ment, mais nous avouons que nous ne serions nullement em-barrassé de lui répondre. Que dirons-nous donc de M. Say qui passe

nom? M. Comte pourrait peut-être le dire, car il est en correspondance suivie avec le rédacteur du journal qui l'a dit : nous l'en dispensons dans ce moment, pour lui donner une petite leçon d'Économie politique, naturellement amenée par le sujet de cette note. Cette leçon, quoiqu'assez courte, montrera à M. Comte combien ce qu'il dit sur les prohibitions est déclamatoire et irréfléchi ; elle prouvera, *avec la dernière évidence* (E. 239, etc.), à M. Say que *tout* ce qu'il a écrit jusqu'à ce jour sur l'Économie politique est à remettre sur le métier ; tant il sait peu, ou, s'il le sait, tant complètement il «oublie que la vraie science, en chaque genre, ne se compose pas d'opinions, mais *de la connaissance de* sa vie à composer des écrits tout exprès pour condamner la balance du commerce, les prohibitions, les douanes, que tant de génies, que tant de gouvernemens, dont il accuse ainsi l'ineptie, ont adoptées, et qui regarde comme des causes prochaines de la ruine de l'industrie française, précisément les seuls moyens qui nous restent de la faire prospérer?

Quoi ! s'il faut en croire l'anonyme du Courrier, (qu'il n'est pas difficile de reconnaître au style), M. Canard a eu la témérité de dire *que M. Say n'entend rien à l'Économie politique !* Est-ce croyable ? Que M. Say le dise de Bonaparte (E. 270.) et autres pygmées à courte vue, on le conçoit ; mais que quelqu'un le dise de M. Say à vue d'aigle, c'est véritablement ce qui nous passe ; car, qui ne sait que si le soleil, en sa qualité de produit des *vieux âges*, a des taches, les écrits de M. Say, produit d'un siècle de lumières, n'en ont pas ? Il n'y a aujourd'hui que M. Canard au monde qui puisse l'ignorer : apparemment qu'il ne lit pas les journaux.

ce qui est. » (C. xj.) Voici cette leçon, que ceux à qui nous l'adressons sont peut-être les seuls à ignorer, ce dont M. Say, *si cet écrit tombe entre ses mains, devra être un peu confus,* véritablement et non ironiquement, comme le disait le malin critique anonyme (que doit connaître M. Say) de nos *Élémens,* dans la Revue encyclopédique.

Le degré relatif de Richesse dont on jouit n'est-il pas mathématiquement exprimé par *le rapport* DU PRIX *de ce qu'on a* AU PRIX *de ce qu'ont les autres* ?

Dès lors :

1.°Doublez, décuplez, centuplez le prix des choses en France : la Richesse de chaque Français sera la même en France ; car, le rapport d'un nombre deux fois, dix fois, cent fois plus grand, à un nombre deux fois, dix fois, cent fois plus grand, ne cesse pas d'être le même. A l'étranger, la Richesse de chaque Français sera double, décuple, centuple de ce qu'elle était ; car, chaque Français y pourra agir avec une valeur double, décuple, centuple.

2.° Supposez le prix des choses deux fois, dix fois, cent fois moindre en France qu'il ne l'est maintenant : la Richesse de chaque Français sera la même en France ; car, le rapport d'un nombre deux fois, dix fois, cent fois moindre, à un nombre deux fois, dix fois, cent fois moindre, ne cesse pas d'être le même. A l'étranger, la Richesse de chaque Français sera deux fois, dix fois, cent fois moindre qu'elle n'était ; car, chaque

Français ne pourra y agir qu'avec une valeur deux fois, dix fois, cent fois moindre.

Il est de la dernière évidence (pour nous servir de l'expression dont se sert habituellement M. Say) *il est de la dernière évidence* que si les Anglais sont si riches sur le continent, c'est qu'en Angleterre le sol, les maisons, tous les immeubles, ont une valeur beaucoup plus considérable que ces mêmes objets n'ont sur le continent. *Il est de la dernière évidence* que si les Français et ceux du continent sont pauvres en Angleterre, c'est par la raison contraire. *Il est de la dernière évidence* que si le loyer, le pain, le vin (ou la boisson qui le supplée), la viande de boucherie, la volaille, etc., sont trois fois plus chers en Angleterre qu'en France, le Français, avec un revenu trois fois moindre, est aussi riche en France que l'Anglais en Angleterre avec un revenu triple. *Il est de la dernière évidence* que si, dans l'antique Athènes, le loyer, le pain, le vin, la viande de boucherie, la volaille, etc., coûtaient trois fois moins de poids d'argent qu'ils ne coûtent en France, avec un revenu d'argent trois fois moindre, l'Athénien était aussi riche que le Français avec un revenu d'argent triple, aussi riche que l'Anglais avec un revenu d'argent neuf fois plus grand. D'où il suit qu'*il est de la dernière évidence* que la comparaison de la Richesse en des lieux ou des temps différens, bien loin d'être la quadrature du cercle de l'Économie politique, comme, après trente ans de réflexions, l'affirme M. Say, est de tous les problêmes le plus facile à résoudre (1). *Il est de la dernière évidence* que si M. Say eût eu la moindre idée de la Richesse, dont il nous a donné un traité si volumineux, il n'eût pas fait les mille et un faux pas que nous lui avons reprochés, et que, dans sa critique, tait si soigneusement M. Comte. *Il est de la dernière évidence* qu'il n'eût pas dit que la balance du commerce et le système prohibitif sont des absurdités. *Il est de la dernière évidence* qu'il eût vu que Henri IV, que Louis XIV, que Bonaparte (2), ces *gens à vues étroites et à*

(1) « Ce parallèle, dit M. Say, est la quadrature du cercle de l'Économie politique, parce qu'il n'y a point de mesure commune pour l'établir. » (I , 374.) *Parce qu'il n'y a point de mesure commune pour l'établir ?* Eh! qu'en est-il besoin? La Richesse est un rapport *tout-à-fait indépendant* de la mesure employée à l'évaluation des choses. Est-il possible que M. Say ait passé sa vie entière à réfléchir et à écrire sur la Richesse, et qu'il ne connaisse pas encore ce caractère primordial et distinctif de la Richesse? Voilà cependant qui le prouve *avec la dernière évidence*; et nous avons prouvé *avec la dernière évidence*, dans notre précédent écrit, qu'il n'est pas d'ouvrier, de manœuvre, de bonne femme qui ne sache parfaitement une chose si fondamentale que M. Say ignore si complètement. Mais combien de reproches, tout aussi graves, n'a-t-on pas à adresser à M. Say et aux Économistes! Encore une fois, nous ne touchons ici que ce que M. Comte nous amène à toucher.

(2) Il est bon qu'on sache que « Bonaparte détestait l'Économie politique : non pas qu'il y comprît quelque chose, mais par instinct. » (E. 270.) *Non pas qu'il y comprît quelque chose...* Il avait trop peu

présomption large (I, xxiv), n'ont pas eu tort d'y sacrifier, d'autant que les trois grandes époques du développement de notre prospérité industrielle, qui, sous nos yeux, croît incessamment encore sous l'influence de lois protectrices, datent principalement d'eux, des deux premiers sur-tout ; comme la prospérité de l'Angleterre est née sous le règne d'Élisabeth, et a grandi jusqu'à ce jour sous l'influence des mêmes causes. Voici, en effet, la maxime qui a fait et continue de faire le fond de toute la politique de l'Angleterre : CRÉER LE PLUS POSSIBLE, POUR IMPORTER LE MOINS POSSIBLE ET EXPORTER LE PLUS POSSIBLE, AFIN DE RETENIR ET D'ATTIRER LE PLUS POSSIBLE D'ARGENT DANS LA NATION (1). *Il est de la der-*

de capacité pour cela !... Certes, nous ne sommes pas partisan de Napoléon, puisque nous le sommes d'une sage liberté et d'une antique dynastie (seule propre à l'assurer contre les attaques de l'ambition et des partis) ; mais, de nier que Napoléon eût un esprit immense et doué de la plus pénétrante sagacité, de quoi qu'il s'agit, c'est ce qui ne tombera jamais dans notre pensée. Lui, ne pas pénétrer d'un regard toute la science de M. Say !... Il l'a si bien pénétrée qu'il a dit et redit qu'elle ne renfermait que du faux et du vide.

(1) Le revenu du gouvernement anglais qui, en 1558 (à l'avènement d'Élisabeth au trône), n'était que de 500,000 liv. sterl., a été, par suite de cette politique, successivement : en 1643 (République), 1,517,247 liv. st.; en 1714 (Georges I.er), 6,752,643 liv. st.; en 1760 (Georges III), 15,372,971 liv. st.; en 1800 (*id.*), 50,720,000 liv. st.; en 1826, il est 58,000,000 liv. st.; il a pu être porté en 1815, à 71,150,142 liv. st. (plus de 1700 millions de francs.) Plus l'exportation des produits a fait affluer en Angleterre l'argent du

nière évidence que M. Say eût tout de suite pénétré la politique insidieuse des ministres anglais, qu'il nous vante ; et, complètement dupe, n'eût pas dit : « Le ministère britannique est enfin sorti des routines de la vieille diplomatie et du système exclusif qui a ralenti pendant un siècle les progrès du genre humain. » (C. vij.) *Il est de la dernière évidence* que l'homme seul qui a dit : « L'Économie politique n'est pas la politique » (C. v.), a pu écrire, deux pages plus

monde, plus le gouvernement anglais a pu en lever par l'impôt ; et plus il a été maître d'acheter la politique des nations d'où provenait cet argent. Il faut être aveugle comme M. Say pour demander, niant que l'Angleterre ait pu acquérir par les exportations près de 400 millions sterling (plus de 9 milliards de francs), « Comment il se fait que les évaluations ministérielles les plus exagérées n'aient pu trouver en Angleterre que 47 millions de numéraire, à l'époque même où il y en avait le plus ? » (I, 206.) Cela tient : 1.° à ce que des sommes énormes ont été versées sur le continent par le gouvernement anglais, pour abattre la république française et plus tard Napoléon et, sur-tout, le système continental qui, en suscitant l'industrie chez tous les peuples du continent, menaçait au cœur la puissance anglaise ; 2.° à ce que l'Angleterre a des sommes énormes placées chez toutes les nations du monde, et rapportant rente aux Anglais qui les ont prêtées.

On le voit, « L'Économie politique n'est pas la politique. » (C. v.) M. Say est très-fort en Économie politique, mais n'entend absolument rien à la politique ; ce qui, depuis 40 ans, se passe sous ses yeux, il ne l'a point vu, il ne le voit point. Il est certainement le seul homme en Europe qui soit dans ce cas, ainsi que nous le disons dans notre dernier écrit. Un triple bandeau, à cet égard et à bien d'autres, lui couvre les yeux, comme nous croyons l'avoir démontré dans nos autres écrits, et ici même.

loin, la phrase qu'on vient de lire. *Il est de la dernière évidence* etc., etc., etc. (Car nous ne pouvons reproduire ici ce qu'ailleurs nous avons dit et, à ce que nous croyons, prouvé.)

Nous sommes de l'avis de M. Say : « Il est peu de sujets sur lesquels on ait autant déraisonné que sur l'Économie politique.... *Chacun à ce métier* (dit M. Say, avec le même poëte qui dit plus sérieusement : « Soyez plutôt maçon, si c'est votre talent ») *chacun à ce métier peut perdre impunément de l'encre et du papier*; mais c'est un mal (s'empresse d'ajouter M. Say) dont il est facile au public de se garantir, en ne lisant que ce qui a obtenu l'approbation de l'Europe éclairée. » (*Revue encyclopédique*, n.º d'octobre 1826.) C'est-à-dire, bien clairement, en ne lisant que les écrits de M. Say; ce que sa modestie n'a pas voulu plus explicitement dire. Mais, *ont-ils obtenu l'approbation de l'Europe* ÉCLAIRÉE ? C'est-là la question; et, nous en doutons un peu, s'il faut parler franc à M. Say. Cinq éditions ne prouvent rien dans ce siècle de lumières. A propos, on annonce que la cinquième édition du *Traité d'Économie politique* va paraître avec un volume de plus; nous craignons bien que, oubliant tout-à-fait ce précepte, *Usez, n'abusez pas*, M. Say ne perde là beaucoup d'encre et de papier. Trois volumes!... Apparemment que le premier volume sera consacré à *enseigner* (aux agronomes et aux manufacturiers qui l'ignorent) *comment les richesses se produisent;* le second volume à *enseigner* (aux négocians, commerçans et détaillans qui l'ignorent) *comment elles se distribuent;* le troisième volume, à *enseigner* (à tous les hommes qui l'ignorent) *comment elles se consomment:* ce qui, d'ailleurs, est aussi conforme à l'Étymologie d'*Économie politique* que si l'on disait : *arbre* vient de *fontaine,* en changeant *fon* en *ar,* et *taine* en *bre.* Il faut espérer que si M. Say peut parvenir jamais à savoir ce que c'est que la Richesse, il dira en quelques pages tout ce qui s'y rapporte, au lieu d'employer trois volumes à l'embrouiller; et que, si jamais il connaît le but de l'Économie politique, il ne dira plus qu'elle n'est pas la politique, et pénétrera en conséquence, ou du moins cherchera à pénétrer dans la science des hommes d'état, à laquelle il tourne aujourd'hui si complètement le dos. « Voltaire, qui savait très-bien (dit M. Say) trouver le ridicule partout où il était, se moqua du système des Économistes dans son *Homme aux quarante écus.* » (I, xlij.) Il est bien probable que si Voltaire vivait, il ne se moquerait pas du système des Économistes de notre temps : il ne prête pas du tout à rire, vu sur-tout le sérieux et la gravité imperturbables avec lesquels nos Économistes le présentent. S'ils ont voulu nous mystifier, nous les tenons pour fort habiles gens; dans le cas contraire.....

(E) *Que nos ministres et nos douaniers ont tort de nous empêcher d'acheter les marchandises anglaises, et de ne pas abonder dans le sens de MM. Huskisson et Canning.*

Voyez la note précédente, et, sur-tout, nos précédens écrits, dont nous ne pouvons offrir ici que des extraits décolorés et incomplets. Dans notre dernier écrit, nous prouvons, l'*Enquête du Parlement d'Angleterre* (ouvrage rempli de faits) à la main, que le gouvernement anglais a plus que jamais en vue la maxime politique que nous avons rapportée. Comme « l'Économie politique n'est pas la politique » (C. v.), ni M. Say, ni M. Comte n'ont rien vu de cela.

Pauvres idéologues ! La France peut produire aisément de quoi nourrir, vêtir, loger, chauffer, meubler et éclairer 100 millions d'habitans : appliquez à la terre et aux professions utiles, 1.º la multitude de bras que vous employez à produire *des étoffes*, etc., etc., etc., pour avoir *du café*, etc., etc., etc.; 2.º la multitude de bras que vous employez à produire les mille et un colifichets, les mille et une futilités formant le luxe des riches : vous produirez en France des *aisances* nouvelles, et la population ne tardera pas à suivre, pour venir les consommer et produire un plus grand nombre d'aisances encore, jusqu'à ce que, par cette action et réaction, le nombre d'habitans atteigne à son *maximum*, marqué par le nombre d'aisances que la France peut fournir. « Têtes nébuleuses » (C. x.), « champions nés de toute espèce d'ignorance » (I, lxvj.), « esprits faux, incapables de saisir la liaison et le rapport de deux idées » (I, xlix.), « gens à vues étroites et à présomption large » (I, xxiv.), artisans de la *diffusion des ténèbres* et non de la *diffusion des lumières* » (C. xj.), voilà la politique, bien supérieure à celle de l'Angleterre que vous vantez sans même la connaître, qui doit présider à toute notre législation. C'est la politique de Henri IV et de Sully. Elle est diamétralement opposée aux principes d'Économie politique de M. Say ; diamétralement opposée, sans doute, à la législation par laquelle, politique du coin du feu, M. Comte veut régir le monde. Suivie, l'effet infaillible de la politique de Sully eût été que chaque Français pût mettre *la poule au pot*, comme le voulait Henri, monarque incomparable et non encore assez apprécié et assez adoré : l'aisance eût été partout, le luxe et la misère nulle part. La politique de l'Angleterre, persévéramment suivie, a donné la puissance, mais n'a pas porté cet heureux fruit : celle de Sully l'eût porté, et eût fondé la puissance sur une base solide et durable, ce que n'a pas fait la politique anglaise, comme tôt ou tard on le verra. *(Voyez sur tous ces points nos précédens écrits.)*

Un sibarite seul, lisant notre dernier écrit, peut faire cette question : « On définit le luxe par l'usage des choses superflues ; mais en quoi consistent les choses nécessaires ? » (*Producteur.*) Les choses *nécessaires* sont la *nourriture*, le *vêtement*, le *logement*, le *chauffage* (selon le climat), l'*ameublement* et l'*éclairage*. Qu'une famille, composée en moyenne de cinq individus (personnes faites, enfans, vieillards), ait à dépenser, en moyenne et par jour en France, 12 sous par individu, en tout 3 francs : elle satisfera sainement aux besoins que nous venons de signaler, plus sainement peut-être que la famille riche qui y consacrera 10 et 100 fois davantage. Voyez la santé du soldat, qui vit avec quelques sous par jour dans toute la France ! Avec 3 francs, notre famille pourra mettre chaque jour 2 à 3 livres de viande et des légumes dans le pot, tremper la soupe avec du pain blanc, manger à son appétit du pain de froment, pareil à celui du soldat ; se vêtir en drap en hiver, en toile en été ; se chauffer en hiver tout le jour, et faire bouillir son pot en été ; boire du vin, de la bière ou du cidre, ce qu'il en faudra pour satisfaire au besoin de la soif ; entretenir son mobilier, payer son loyer, etc. Voilà ce que nous appelons *aisance* ou *bien-être* : c'est le pouvoir de satisfaire aux *besoins réels* et non *factices* de la vie ; au-delà est le *luxe*, en-deçà la *pauvreté*. Il faut, comme le voulait Caton, comme le voulait Sully, génies immortels, imposer le luxe pour donner l'*aisance* aux pauvres, en échange de *travaux utiles au pays*, qu'on leur fera faire. Vu les dangers du luxe, de la misère, de l'oisiveté; vu l'utilité des travaux dont il s'agit : il en résultera un quadruple bien politique ; outre qu'on satisfera ainsi à ce que commandent le plus impérieusement la Religion et l'humanité.... « L'ÉCONOMIE POLITIQUE N'EST PAS LA POLITIQUE ! » nous crie encore ici M. Say, économiste par excellence, qui est très-fort sur les étymologies grecques, puisque, dans les mots grecs d'où dérivent les mots *Économie politique*, il voit ce sens : *Comment les Richesses se forment, se distribuent et se consomment.* Quelle bonne vue il a ! peut-on dire. Du reste, taisons-nous, puisque *l'Économie politique n'est pas la politique.*

(F) *Que la plume à écrire est une machine.*

La plume à écrire est une machine, d'après cette définition de M. Say : « Les machines ne sont que des outils compliqués que nous ajoutons au bout de nos doigts pour en augmenter la puissance. » (I, 53.) A la vérité, la plume n'est pas un outil bien compliqué : c'est la seule objection qu'on peut faire à M. Comte. Au surplus, on peut dire contre cette machine que, si elle

n'existait pas, ni M. Say, ni M. Comte, ni nous-
même, ne pourrions journellement, comme nous
le faisons, « grossir l'immense amas des erreurs
imprimées. » (II, 270.)

(G) *Qu'il n'est qu'une machine que l'auteur cri-*
tiqué ne condamne pas, quant à présent : c'est
la charrue ; mais que son tour viendra. Que,
selon l'auteur critiqué, nous serons arrivés au
dernier terme de la perfection, quand nous se-
rons réduits à gratter la terre avec les mains,
et à déchirer notre proie avec les dents.

« La plus étrange contradiction des Économistes modernes est sans doute celle de tonner
contre le luxe, et d'appeler de tous leurs vœux
le développement de toutes les industries qui
l'alimentent. » (*Bases fond. de l'Éc. polit.*, p. 105.)

« O vous tous, Économistes et Publicistes, qui,
vous accordant à condamner le luxe, voudriez,
comme tous les grands hommes de l'antiquité,
le voir bannir du monde : appeler de tous vos
vœux, chez toutes les nations, les industries du
luxe et les machines propres à l'étendre avec
une effrayante rapidité, en est-ce, dites-nous, le
moyen ? » (*Id.*, p. 195.)

« Si des machines venaient se substituer au
travail de l'homme, au point de rendre ce travail de plus en plus inutile, ce serait un très-

grand mal ; car les pauvres ne pourraient plus gagner leur vie ; et, en supposant même qu'on leur procurât l'abondance par des aumônes ou par des taxes sur les riches ; en supposant que les machines multipliassent les produits au point d'en faire jouir, sans travail, l'universalité des hommes qui peuplent l'univers : nous le demandons, ces machines ne seraient-elles pas un mal, en ce qu'elles laisseraient les populations oisives ? » (*Id.*, p. 112.)

« ....Que deviennent donc maintenant les beaux discours des Économistes, tendant à prouver qu'on doit étendre sans limites l'usage des machines ? En effet, ces Messieurs ont raisonné dans l'hypothèse que le travail n'est pas *nécessaire* à l'homme ; or, d'après la nature de l'homme, le travail, indépendamment même des commodités de la vie qu'il lui procure sans *aucune humiliation*, lui est nécessaire, absolument nécessaire, puisqu'il est pour lui la condition du bonheur, de la conservation des mœurs, de la santé du corps, de la tranquillité d'esprit, toutes choses sans lesquelles le bouleversement des sociétés serait à tout instant imminent. Il faut donc détruire la charrue, vont nous dire à l'instant les Économistes? Ah! non vraiment, pas encore. Mais, s'il y avait assez d'hommes sur la terre pour que l'usage de la charrue en laissât de désoccupés, il ne faudrait pas balancer à commencer à en restreindre l'u sage, d'autant qu'en occupant les hommes qu'elle aurait laissés oisifs à bêcher la terre, la terre, mieux travaillée, fournirait de quoi alimenter et entretenir un plus grand nombre d'hommes encore. Pour le moment donc, il faut continuer à employer toutes les machines qui facilitent la multiplication des *produits élémens de l'aisance*; quant à la propagation des *produits élémens du luxe*, si le luxe est un aussi grand mal que le disent les Économistes, pourquoi voudrait-on les multiplier sans bornes au moyen de machines? Ne vaudrait-il pas mieux, brûlant les machines qui les multiplient avec une effrayante rapidité, les faire produire lentement et en petite quantité par la masse des ouvriers que ces machines ont laissés successivement sans ouvrage? Après cela si, comme nous le croyons, il était un moyen d'appeler insensiblement ces ouvriers vers des travaux plus utiles que la terre réclame, vers la production des produits *réellement utiles*, tandis que ceux du luxe sont *réellement plus qu'inutiles*, puisqu'ils sont *réellement nuisibles* : alors, disons-nous, on verrait s'il n'y aurait pas lieu à restreindre ou à supprimer avec le temps l'usage de la charrue et d'autres machines *réellement utiles aujourd'hui*, que les mains de l'homme, qu'on ne doit jamais laisser oisives pour son bonheur même, pourraient suppléer.

» Maintenant, à la fameuse formule de M. Say,

Créer de la peine pour avoir le plaisir de la payer, qu'on nous présente comme décisive en faveur de la substitution illimitée des machines au travail de l'homme, opposons celle-ci : *Annuler le travail des hommes pour avoir la douleur de les voir mourir de faim, ou réduits à l'humiliation de mendier les nécessités de la vie qu'auparavant ils obtenaient,* traitant d'égal à égal (amis de la dignité de l'homme, remarquez-le bien, *traitant d'égal à égal*), *en échange d'un travail qui les rendait heureux et paisibles,* au lieu que l'oisiveté, *supposé qu'on les secoure aujourd'hui par des aumônes ou des taxes, perd leurs mœurs et les rend malheureux, inquiets, remuans, dangereux :* témoin l'Angleterre.

» Ajoutons à ce qui précède que s'il est des professions *réellement utiles* qui soient dangereuses ou trop pénibles pour la santé de l'homme, là doivent être employées toujours les machines : là il faut en inventer s'il n'en existe pas. Quant aux professions du luxe, c'est-à-dire, pour le moins, *réellement inutiles*, qui sont dans le même cas, à plus forte raison n'y faut-il pas employer le travail de l'homme ; mieux vaudrait mille fois supprimer ces professions.

» Mais, encore une fois, les Économistes font-ils aucune distinction des produits utiles ou inutiles, nécessaires ou pernicieux ? Font-ils aucune attention si, d'après sa nature, l'homme, pour être heureux, doit ou non travailler; et si tout le corps social, pour être tranquille, réclame ou non ce travail? Non, non : ils marchent, à la clarté des lumières du siècle, ou plutôt des leurs propres, sans apercevoir, éblouis sans doute, ce qui est à côté d'eux, etc. » (*Id.*, p. 114—117.)

« Nous ne donnons notre approbation aux manufactures de luxe (par conséquent aux machines fabriquant les objets de luxe), qu'autant que leurs produits sont *exclusivement* destinés à l'exportation. Nous voulons, en effet, l'*aisance* pour tout le monde dans la nation ; mais quant au luxe, vu ses funestes effets, nous ne le voulons pour personne. » (*Id.*, p. 160.)

On voit, par tout ce qu'on vient de lire, que nous ne voulons pas réduire M. Comte *à gratter la terre avec les mains, à déchirer sa proie avec les dents*. Cependant nous croyons, en conscience, qu'il vaudrait mieux encore s'appliquer à gratter du matin au soir la terre avec les mains, ne dût-il en résulter qu'un seul épi de blé au bout de l'an, ou rien du tout même, que d'employer sa main et son esprit à déchirer aussi peu chrétiennement sa proie avec la machine nommée plume (1). Quand la machine

(1) *Avec ses vertus et sa probité modeste*, auxquelles nous applaudissons fort, que M. Comte nous permette de lui dire que ce n'est

nommée plume donnera, dans les mains de M. Comte, les élémens des lois à l'univers, et que l'Encyclopédie progressive, qui les annonce, les publiera pour l'avantage des générations à venir, oh! alors sans doute, nous changerons de langage.

Mais, à propos de terre : *la terre est-elle productrice de Richesse?* Les lecteurs seront peut-être bien aises d'être fixés sur ce point important, sur-tout s'ils possèdent des terres ou pensent à en acquérir.

Oui, exclusivement, disent les Économistes du 18.ᵉ siècle. (C. 250.)

« Adam Smith pense que les terres concourent

pas là se montrer *philosophe consciencieux et grave*, et justifier ces éloges qu'a faits de lui un anonyme dans le *Globe* du 29 juin 1826. Au surplus, et nous en sommes édifié, c'est le précédent n.º du Globe qui, dans un article sans nom consacré à la troisième édition du Catéchisme d'Économie politique de M. Say, appelle ce célèbre Économiste le *Représentant de l'Économie politique en France*, et nous apprend, ou plutôt confirme ce fait, que *La théorie des débouchés, tirée d'une vue profonde et complète de la nature de l'échange, appartient à M. Say.* On y lit aussi que *Si les idées saines sur la production de la Richesse et les opérations du commerce ont quelques partisans dans notre pays, c'est aux ouvrages de M. Say que nous le devons. Et le reste.* (Voyez le Globe du 27 juin 1826.)

Qu'on nous permette une réflexion : Ces Messieurs sont bien heureux d'avoir tous les journaux pour eux, et nous bien malheureux de n'avoir pas un seul journal pour nous. Le Globe se refuse même à annoncer nos écrits. Il faut bien en prendre notre parti. D'ailleurs, nous ne sommes pas d'humeur à envoyer aux journaux, pour faire acheter nos ouvrages, des articles rédigés par nous ou nos amis, comme on nous y a engagé, nous disant que c'était une chose reçue

avec l'industrie à la production des richesses. »
(C. 250.)

« Des publicistes plus récens, comme MM. Tracy,
Ricardo, sont d'avis que les terres ne créent aucune
Richesse, et que l'industrie fait tout. » (C. 250.)

« M. Malthus maintient que le revenu du propriétaire foncier naît de ce que la terre peut
donner un produit supérieur aux frais de sa
culture. » (C. 250.)

« Le fait est, selon moi (dit M. Say), qu'il
y a dans le blé une utilité que l'industrie, sans
le concours d'un champ, ne parviendrait jamais
à créer..... utilité dont une partie, tout au moins,
est due à la coopération du sol. » (C. 251.)

Dieu soit loué! propriétaire de terre, nous
commencions à être inquiet. Donc *la terre est
productrice de Richesse.* C. Q. F. D., c'est-à-dire,
en langage de géomètre, Ce Qu'il Fallait Démontrer.

Écoutez le *Représentant de l'Économie politique en France :* Non seulement la terre est productrice de Richesse, mais l'eau et l'air le sont
aussi.

Démonstration :

« Les matières dont se compose un sac de

dans ce siècle de lumières. En cela, non plus que pour la science
économique, nous ne sommes pas du tout à la hauteur de l'époque
où nous vivons : aussi nos écrits *sont et seront encore long-temps
ignorés,* comme le dit M. Comte.

blé ne sont pas tirées du néant ; elles existaient avant que le blé ne fût du blé ; elles étaient répandues dans la terre, dans l'eau, dans l'air, et n'y avaient aucune utilité, et par conséquent aucune valeur. L'industrie du cultivateur, en s'y prenant de manière que ces diverses matières se soient réunies sous la forme d'abord d'un grain, ensuite d'un sac de blé, a créé la valeur qu'elles n'avaient pas. Il en est de même de tous les autres produits agricoles. » (C. 12.)

Gloire à l'industrie et à l'habileté du cultivateur qui, en combinant la terre, l'eau et l'air, sait s'y prendre de manière à former d'abord un grain, ensuite un sac de blé ! Gloire à l'Économiste qui, observateur profond, nous a le premier révélé un pareil fait ! Mais, une chose nous fâche : c'est de voir que M. Say attribue à l'INDUSTRIE *du cultivateur, la réunion de la terre, de l'eau et de l'air sous la forme d'abord d'un grain, ensuite d'un sac de blé* ; car M. Say rentre ainsi dans les idées de MM. de Tracy et Ricardo, qui *sont d'avis que l'*INDUSTRIE *fait tout*. M. Say corrigera cette faute dans une prochaine édition. Nous l'engageons aussi à compter le fumier, le plâtre, etc. pour quelque chose, dans la création des produits agricoles. Il fera bien aussi, au lieu de dire *l'eau*, *l'air*, la *terre*, comme le vulgaire, de dire *l'hydrogène*, *l'oxygène*, *l'azote*, le *gaz acide carbonique*, *l'alumine*, la *silice*, la *carbonate de chaux*, etc., etc. : il rendra ainsi ses démonstrations véritablement complètes, et montrera de plus en plus, comme on voit qu'il en brûle d'envie, qu'il est à la hauteur du siècle de lumières où nous vivons. Pour le montrer tout-à-fait ici, il pourrait même ne pas se contenter de ces noms, et les décomposer encore en un plus grand nombre d'autres, en conséquence des nouvelles découvertes chimiques. Alors ses démonstrations ne laisseraient plus, pour le moment du moins, véritablement rien à désirer, et seraient de nature à satisfaire les plus exigeans, du nombre desquels nous avons l'honneur d'être. « Toutes les connaissances humaines se tiennent : il faut s'attacher à trouver, à bien déterminer le point de contact, l'articulation qui les lie. » (I, xj.) Et c'est en quoi M. Say excelle. Il n'y a que la politique, à ce qu'il paraît, qui soit absolument sans *point de contact*, sans *articulation qui la lie* avec l'Économie politique.

(H) *Que l'auteur critiqué, afin d'aller « grossir l'immense amas des erreurs imprimées »* (II, 270.), *a eu la prétention de remplir son livre de pensées originales et d'idées nouvelles, à l'imitation des Économistes.*

« Nous le déclarons ici hautement : En pu-

bliant cet écrit, notre ambition se borne à réu-
nir en corps et à démontrer de vieilles vérités,
que la manie des innovations et des singularités
a mises de nos jours au rang des erreurs, a
flétries du nom de préjugés.

» Hélas! si on nous le permettait, nous dirions
que le plus funeste des préjugés aujourd'hui,
est de croire que les vérités utiles, de nature à
faire le bonheur et la force des nations, sont
encore à trouver; car, si l'on n'avait pas ce préjugé, on s'épargnerait bien de la peine, et chaque jour ne verrait pas éclore tant de systèmes,
propres à faire le malheur des peuples et à opé-
rer la ruine des états, si les gouvernemens les
adoptaient.

» Voilà le préjugé qu'il importe aujourd'hui
de déraciner. Puisse l'écrit que nous publions y
contribuer! » (1) (*Bases fond. de l'Écon. polit.*,
p. xij.)

» Recherchant, dans ce qui va suivre comme
nous l'avons fait dans ce que nous avons déjà

(1) Il est possible que ce passage nous ait brouillé avec M. Comte qui,
en ce moment même, Lycurgue en idée, puisait dans sa féconde
imagination les *Lois suivant lesquelles les peuples prospèrent, dépéris-
sent ou restent stationnaires*. Si nous avions pu prévoir qu'un homme
du mérite de M. Comte s'occupât d'un tel ouvrage, nous n'aurions
pas certainement laissé subsister ce passage dans notre écrit. Nous ne
manquerons pas de le supprimer, aussitôt que M. Comte aura refait
Montesquieu. (*Voir ci-après la note L.*)

écrit sur ces matières, les élémens de la science, non dans les livres déjà publiés, mais dans la nature des choses, telle qu'elle semble de tout temps s'être offerte à l'instinct du vulgaire, nous nous appliquerons à manifester, non des idées nouvelles qu'on n'ait point eues avant nous, comme ont fait les Économistes; mais, au contraire, des idées que tout le monde a instinctivement : étant fermement persuadé que le sentiment du vrai est dans t⸱utes les têtes, et que l'exprimer, en le faisant ressortir avec méthode et clarté, est tout ce qu'on peut se proposer, généralement, en écrivant. Alors donc seulement que, dans cet Opuscule, nous pourrons faire dire à nos lecteurs : *C'est tout simple*, *Je le savais*, alors seulement nous croirons avoir atteint notre but. » (*Idem*, p. 18, 19.)

Au surplus, voici deux jugemens divers portés sur notre livre, en ce qui a rapport à cette note :

— « J'aurais voulu trouver dans l'ouvrage de M. de Cazaux quelque pensée originale, quelque idée utile qui n'eût pas été exprimée avant lui. Mais j'ai vainement cherché : tout ce qu'il a dit a été dit par d'autres et mieux. » (*Revue encyclopédique*, critique de M. Comte.)

— « Le champ était vaste, et il l'a parcouru à sa manière, avec une allure qui est à lui : il ne copie per-

sonne, et, même quand il se trompe, il est lui. »
(*Bulletin universel des Sciences*, critique de M. Berthevin.)

« Malgré ma critique, je recommande l'ouvrage
de M. Cazaux; il est l'œuvre d'un homme de bien,
il est l'œuvre d'un homme qui cherche la vérité;
n'eût-il donné que cette idée, qu'une des causes de
la valeur plus ou moins grande des choses est leur
degré de transportabilité, ce serait un corollaire utile
qu'on lui devrait, et il y a vingt idées de ce genre
dans ce mémoire, qui toutefois, je dois l'avouer,
n'a pas la consistance des deux autres. » (1) [*Idem.*]

Il n'est pas inutile de faire remarquer que l'i-
dée que veut bien nous attribuer ici M. Berthevin,
nous ne pouvons nous en faire honneur : le premier
qui a songé à faire un chemin, un canal, une voi-
ture, un navire, l'a eue. Quant aux autres idées
dont M. Berthevin nous fait encore honneur, nous
ne savons, en vérité, de quelles il veut parler; mais
ce que nous croyons pouvoir assurer, c'est qu'elles
ne sont pas nouvelles, non plus que la précédente.
Une idée nouvelle! Vraiment il faut courir vingt
ouvrages aujourd'hui pour en rencontrer une, et
encore!.....

(1) La brochure sur la *Comptabilité de la Fortune* et les *Élémens d'Économie privée et publique.*

*(Nous profitons de cette dernière note pour signaler une omission qui a eu
lieu à la page 27, 5.e ligne : Pour y solder des factions; lisez : Pour y
solder des factions, y maintenir son autorité.)*

Remarquons, en passant, que c'est cette manie de donner du nouveau, de paraître original, qui fait que les auteurs, sortant du chemin battu, donnent dans l'extraordinaire, le bizarre, l'insensé, vrais pendans de ces poëtes dont Boileau dit :

> La plupart, emportés d'une fougue insensée,
> Toujours loin du droit sens vont chercher leur pensée :
> Ils croiraient s'abaisser, dans leurs vers monstrueux,
> S'ils pensaient ce qu'un autre a pu penser comme eux.

Qu'arrive-t-il ? c'est qu'évitant par dessus tout la route du sens commun que suit le vulgaire, ils s'engagent, de toutes parts et de plus en plus, dans les routes du faux, de l'absurde, de l'extravagant. Ce ne serait rien ; mais, dans leur fol orgueil, ils prétendent insolemment qu'on les y suive! ils insultent à quiconque s'en défend !...Peuples, gouvernans! la seule bonne voie en Économie politique ou Politique est celle du plus simple sens commun : suivez-la ; ne vous laissez entraîner ni à droite ni à gauche, par les faux docteurs et les idéologues qui vous y convient : méprisez leurs conseils, riez de leurs folles et ridicules menaces ! « Le bien politique, comme le bien moral, se trouve toujours entre deux limites. » (Montesquieu, *Esprit des Lois.*)

(1) *Que le grec et le latin doivent continuer
à faire le fond de l'enseignement.*

« Faire des langues grecque et latine et d'une foule de connaissances vaines que nous ne prendrons pas la peine d'énumérer, le fond de l'enseignement de la jeunesse, n'est pas un moyen de faire prospérer les nations, de former de bons administrateurs des fortunes particulières, et des hommes d'état, vraiment dignes de ce nom, propres à l'administration publique.

» Par l'éducation actuelle, on obtient des hommes qui, ne comprenant pas même l'administration privée, aspirent immodérément à parvenir à l'administration publique. Ils sont hostiles envers les gouvernemens, tant qu'ils n'ont point de places ; et, à peine en ont-ils une, qu'ils visent à une autre plus élevée. Ainsi, les impôts doivent croître incessamment, pour satisfaire l'ambition toujours croissante d'un nombre incessamment plus grand d'ambitieux.

» Dans un pareil état de choses, les gouvernemens sont sans force réelle, soit au-dedans, soit au-dehors, malgré l'énormité des tributs payés par les peuples. Leur situation devient de plus en plus critique ; car, faibles comme ils sont, s'ils veulent continuer à satisfaire les ambitieux par la création de places nouvelles, les peuples, poussés à bout par les taxes, peuvent se soulever ; et s'ils renoncent, d'un autre côté, à contenter l'ambition, l'ambition peut les renverser.

» Par un meilleur système d'éducation, on inspirerait à chacun le goût d'administrer ses propres biens ; les gouvernemens se verraient bientôt d'autant plus riches, que les fortunes particulières seraient mieux administrées, et que moins d'ambitieux aspireraient à dévorer le trésor public ; ils deviendraient d'autant plus forts, qu'assaillis par moins d'ambitieux, ils pourraient alors diminuer les impôts, et s'attirer l'amour des peuples. » (*Bases fond. de l'Éc. polit.*, p. 13o.—132.)

(ĸ) *Que l'auteur critiqué, ayant habité assez long-temps l'île des Phéaciens où cela se pratiquait il y a 3ooo ans, veut que les femmes passent leurs journées à tricoter, et que les princesses aillent laver leur linge à la fontaine.*

« Si l'éducation des hommes pêche par les bases, celle des femmes est-elle ce qu'elle devrait être ? Le piano, le chant, la danse, la mythologie, l'histoire, la géographie, n'enseignent pas à être bonnes ménagères ; et qu'y a-t-il de plus utile pour la prospérité et le bonheur des familles, qu'une femme entendant bien l'Économie domestique ? Leur en donne-t-on cependant aucune notion dans les pensions où on les élève ? Les ouvrages de main convenables au sexe, nous entendons ceux véritablement utiles dans une maison, leur sont-ils ensuite sur-tout enseignés? Il n'y paraît guère. Dans l'antiquité, dans ces siècles qu'on nous dit de ténèbres, on pensait mieux, et le genre d'éducation dont nous parlons ici pour le sexe était en honneur depuis les dernières jusqu'aux premières classes de la société, puisque dans les palais mêmes des rois on en donnait l'exemple. Ah! qu'une pareille éducation, si elle est inappréciable pour les familles, est en même temps bonne gardienne des mœurs, et source abondante de bonheur! Que l'oisiveté, que la lecture des romans, que les riches parures, que les bals, que les fêtes, sont insipides, en comparaison des jouissances vraies que procurent sans interruption les occupations continues utiles aux siens! En effet, dans quelque rang que l'on soit né, le travail utile est, pour l'un comme pour l'autre sexe, l'unique source du réel bonheur, comme de la santé et de toutes les vertus : ainsi Dieu même l'a voulu. Loin de nous cependant la pensée de vouloir bannir la musique, la danse et les autres arts aimables qui peuvent ajouter aux agrémens du sexe (s'il est possible d'y pouvoir ajouter) : nous ne sommes pas à ce point ennemi de l'homme ; mais nous désirerions seulement, pour l'avantage commun, que ce fût là l'accessoire, et non en quelque sorte le fondement de l'enseignement chez les femmes. En un mot, nous voudrions voir briller dans toutes, comme nous le voyons dans quelques-unes, *ce mérite paisible, mais solide*, *accompagné de mille vertus qu'elles ne peuvent couvrir de toute leur modestie, qui échappent, et qui se montrent à ceux qui ont des yeux.* [LA BRUYÈRE.] » (*Bases fond. de l'Éc. polit.*, p. 132, 133.)

(L) *Qu'il faut quelque chose de plus que de bonnes intentions pour faire un bon ouvrage, ainsi que M. Comte l'annonce en tête de son article ; que, malgré des moyens de succès qui leur sont propres, maints écrivains peuvent fort bien ne pas réussir plus que d'autres à en faire de tels.*

« On pensera peut-être qu'un ouvrage aussi superficiel (sur Paris port de mer, par M. Charles Comte) et dont quelques journaux ont déjà fait justice, ne méritait pas un examen sérieux ; mais derrière M. *Comte*, se trouve son beau-père M. *Say*, qui a rendu un compte brillant de l'ouvrage de son gendre dans la *Revue encyclopédique*. » (M. de MONTGÉRY, dans les *Annales de l'Industrie nationale et étrangère*, N.º de juillet 1826.)

Ne pourrait-on pas dire à M. Comte : *Pourquoi voyez-vous une paille dans l'œil de votre frère, vous qui ne voyez pas une poutre dans votre œil ?* (*Évangile.*) Mais ce n'est pas à nous à lui adresser ce reproche, parce que, comme lui, nous avons vraisemblablement *une poutre dans notre œil.*

Quoi qu'il en soit, quand M. Say vante un mauvais ouvrage de M. Comte, devons-nous trouver étonnant que M. Comte cherche à écraser du poids de son talent et à couvrir de ridicule un téméraire auteur qui ose attaquer, une à une, toutes les doctrines de M. Say ? Non, non. C'est d'autant plus naturel que, M. Comte ayant publié dernièrement nous ne savons quel ouvrage sur la législation, M. Say a fait, dans *le Constitutionnel*, un article fort avantageux à M. Comte, et fort peu avantageux à Montesquieu qui, sans doute, se trouve en opposition d'idées avec M. Comte, cet amateur si distingué d'idées nouvelles, qu'il se croirait déshonoré s'il pensait comme ses semblables, ce qui, à notre avis, est l'indice d'un très-grand sens. « Notre siècle, dit M. Say, a besoin d'un autre Esprit des Lois, et c'est sans doute d'un écrivain comme M. Comte que nous sommes en droit de l'espérer. » (*Constitutionnel* du 23 août 1826.)

Que l'Esprit des Lois ait besoin d'être refait par M. Comte ; que nous vivions dans un siècle de lumières ; que M. Say, qui travaille avec succès à leur *diffusion*, y voie trois fois clair, et Montesquieu trois fois trouble : c'est ce que prouvent, *avec la dernière évidence*, le passage suivant de M. Say, et le prodigieux succès du *Traité d'Économie politique*, d'où nous l'extrayons :

« Lorsque Montesquieu a dit, en parlant des monnaies : *Rien ne doit être si exempt de variation que ce qui doit être la mesure commune de tout*, il a renfermé trois erreurs en deux lignes. » (I, 374.)

Nous ne savons combien d'erreurs MM. Comte et Say vont découvrir dans cette conclusion :

Il est patent que les voies des connaissances humaines sont obstruées par *certains écrivains incapables de travailler utilement à la diffusion des lumières* (C. xj.) ; *écrivains qui jouissent de la déplorable facilité de faire des articles de journaux, des brochures, des volumes sur ce qu'ils n'entendent pas, et répandent sur la science les nuages de leur esprit* (I, lxxij.) : petits grands hommes éphémères qui, pour se maintenir un instant debout, criant sans cesse aux lumières et n'y voyant goutte, ont pris pour devise :

Nul n'aura de l'esprit que nous et nos amis.

Questions et Réflexions.

« La vanité, la plus universelle des infirmités humaines » (I, lxxj.), nous porte maintenant à demander à M. Say : — Qui il entend, par ceux *qui déclament contre les doctrines les plus solides, fruit d'une vaste expérience et d'un raisonnement sûr ; par ceux qui, possédant le mince avantage d'une érudition d'almanach, d'un amas de faits d'où il ne résulte rien, ont le plus de systèmes, et les soutiennent avec l'opiniâtreté de la sottise, c'est-à-dire, avec la crainte d'être convaincus, plutôt qu'avec le désir d'arriver au vrai ?* (I, xxiv.) — Qui il qualifie de *têtes nébuleuses* (C. x.), de *cervelles contrefaites* (I, xxv.), de *gens à vues étroites présomption large* (I , xxiv.), etc., etc., etc.? — De qui il entend dire : *On peut bien se per- mettre de déraisonner devant des auditeurs qui n'entendent rien à la matière qu'on leur expose ; mais quand ces erreurs ont été une fois signalées, ce n'est pas impunément qu'on les reproduit. La robe ni le bonnet de docteur ne peuvent garantir un homme du ridicule.* (Art. de M. Say., dans *le Constitutionnel* du 23 août 1826.) — QUELLES *propositions* les Éco- nomistes, *par leurs démonstrations, ont élevées au rang de principes incontestables ?* QUELLES *ils ont plongées dans ce gouffre où les idées vagues et hypo- thétiques, les imaginations extravagantes, se débat- tent un certain temps avant de s'engloutir pour tou- jours ?* (I, lj.) — Si, en Économie politique, *c'est une opposition bien vaine que celle de la théorie et de la pratique ?* Si *la pratique sans la théorie n'est qu'un empirisme dangereux, par lequel on applique les mêmes méthodes à des cas opposés qu'on croit sem- blables, et par où l'on parvient où l'on ne voulait pas aller ?* Si *le théoricien connaît mieux les faits, les connaît sous toutes leurs faces, sait les rapports qu'ils ont entre eux ?* (I. xx.) — A qui, en fait d'Économie politique, *il est arrivé le plus de présen- ter des doctrines creuses, des faits imaginaires, va- gues, imparfaitement observés ?* (II, 444.) Qui, en conséquence, a le plus travaillé, à l'égard de cette science, à *grossir l'immense amas des erreurs im- primées ?* (II, 270.) — Qui, en Économie politique, a le plus montré *cette intolérance tranchante qui fait peur à la vérité, l'oblige à reculer, ou, si la vérité s'arme de courage, l'entoure de défaveur et quelquefois de persécutions* (I, lxxj.), intolérance qui ferait croire que nous ne sommes pas encore *décrassés de la barbarie du moyen âge?* (I, xxxiv.) — Qui, etc., etc.

Certes, nous avons pensé, avec M. Say, qu'*il fallait nettoyer la science de beaucoup de préjugés ; mais ne s'attacher qu'aux erreurs accréditées et aux auteurs qui se sont fait un nom : quel mal peuvent faire un écrivain inconnu ou une sottise décriée?* (I, lxij.) En effet : *Il faut bien qu'il y ait quelque fondement à des idées si généralement adoptées par toutes les nations ; ne doit-on pas se défier d'observations et de raisonnemens qui renversent ce qui a été tenu pour constant jusqu'à ce jour, ce qui a été admis par tant de personnages que rendaient recommandables leurs lumières et leurs intentions ?* (I, lxvij.)

Du reste, à qui poursuit avec intolérance dans ses écrits ceux qui, rebelles à ses doctrines, persistent à respecter les *idées si généralement adoptées par toutes les nations, ce qui a été tenu pour constant jusqu'à ce jour, ce qui a été admis par tant de personnages que rendaient recommandables leurs lumières et leurs intentions;* à qui, dans le moment même où il se fait cette imposante et formidable objection, qualifie de *vieilles erreurs* (I, lxvij.) ces *idées si généralement adoptées par toutes les nations,* etc. ; à qui juge INUTILE l'École Polytechnique : faudra-t-il donc *tout-à-fait* présenter le miroir ?

Avoir raison contre tous en Économie politique , science dont les faits sont , à tous les instans , sous les yeux de tous ! La chose n'est pas possible.

Comment M. Say pourrait-il avoir raison ? la raison est tolérante , et M. Say ne l'est point. « On est sage , dit Platon, dans les mêmes choses où l'on est savant : la sagesse et la science sont une même chose. » Mais , à propos de Platon , qui florissait il y a vingt-deux siècles , n'est-il pas bien remarquable que Socrate, dans ce divin auteur, appelle *Politique* la science *qui enseigne à gouverner sa maison de la meilleure manière possible* , *à devenir très-capable de parler et d'agir pour les intérêts de l'état* ; en un mot , la *science des affaires domestiques et publiques*, c'est-à-dire, des intérêts privés et publics ? N'est-ce point là l'*Économie privée et publique* ou *Économie politique* ? et M. Say, au bout de vingt-deux siècles , peut-il être admis à dire que l'*Économie politique n'est pas la Politique* ? (C. v.)

Le lecteur peut lui-même s'en assurer : les doctrines des Économistes de nos jours sont étayées de raisonnemens si puérils , si faux , si absurdes , qu'elles ne peuvent soutenir le moindre examen.

Les Économistes tirent vanité de voir les choses autrement que le sens commun des peuples les a toujours vues : comment n'en sont-ils pas humiliés ? On nous reproche notre manière vulgaire de voir ? nous nous en faisons gloire !

La conclusion de notre dernier écrit est que les ouvrages des Économistes ne contiennent que *puérilités, erreurs, contradictions ; rien, moins que rien.* Nous maintenons ce dire. Prévenant d'ailleurs, ici, qu'à des réponses évasives ; des plaisanteries ; des déclamations ; des assertions tranchantes, dénuées de preuves et tout-à-fait en l'air, comme, sous le nom usurpé de *démonstrations*, en contiennent à satiété les écrits des Économistes : nous n'opposerons plus désormais de réplique. Nos censeurs, y compris *l'européen*, docteurs à qui le soin d'enseigner paraît n'avoir pas laissé le temps d'apprendre, peuvent donc sans crainte se remettre en campagne.

POST-SCRIPTUM.

Au moment où l'on termine l'impression de cette brochure, on nous communique *le Constitutionnel* du 8 décembre 1826, annonçant la cinquième édition du *Traité d'Économie politique* de M. Say. C'est, dit-on, *un livre qui a fixé l'attention de toute l'Europe, et qui honore la nation.* La cause de son succès est qu'*il fait connaître les moyens d'acquérir les richesses. Si ce livre a vu se multiplier les éditions qu'on en a faites, s'il a été traduit dans toutes les langues, nous devons croire qu'il doit ce succès à la manière dont l'auteur a traité un sujet qui intéresse tous les hommes,* etc. *L'Économie politique est, pour M. Say, l'économie de la société ; c'est le déve-*

loppement de cet art qui fait subsister les familles et tout l'état. (D'où il suit que sans les écrits de M. Say, ni les familles ni l'état ne subsisteraient.) *Il* (M. Say, ou l'art ?) *dévoile les ressorts les plus cachés de* CES GRANDS CORPS VIVANS QUE NOUS NOMMONS NATIONS, *pour employer ses propres expressions* (de M. Say, ou de l'art ? Il paraît que c'est de M. Say, d'autant que M. Say possède *éminemment* l'art de cacher le vide des choses sous la pompe des expressions et le vain appareil des mots, art, au reste, fort répandu aujourd'hui. Il est certain que CES GRANDS CORPS VIVANS QUE NOUS NOMMONS NATIONS, au lieu de NATIONS tout court, est *éminemment* propre à détourner l'attention et à allonger le discours : c'est aussi *éminemment* de mode, tout comme le mot *éminemment*). *Il pose si nettement toutes les questions qui s'y rattachent, qu'à peine énoncées elles sont à moitié résolues.* (Pourquoi donc trois volumes, dont les seules questions traitées dans cette brochure en absorbent peut-être deux ? Au reste, 1.º M. Say ne pose pas NETTEMENT LES QUESTIONS, malgré que le critique anonyme de nos Élémens, dans la Revue encyclopédique, affirme que TOUTE L'EUROPE en a jugé ainsi ; 2.º supposé que M. Say POSE NETTEMENT TOUTES LES QUESTIONS, il les résout d'une manière absurde. A notre avis, avec l'intention d'y prendre le bon et de le rendre meilleur, M. Say n'a pris dans Smith que le mauvais, et l'a rendu pire. Nous pouvons, à cet égard omme à bien d'autres, être dans une complète erreur : c'est aux lecteurs réfléchis et instruits à en juger.) *Dans cette cinquième édition, l'auteur se moque un peu de la métaphysique obscure et ennuyeuse que les écrivains anglais veulent introduire dans l'Économie politique ; ce qui pourrait bien le brouiller avec nos voisins, malgré la grande estime qu'on assure qu'ils ont pour lui.* (Si les Économistes français commencent à se moquer des écrits des Économistes anglais, ne doit-on pas craindre que ces derniers ne finissent par se moquer des écrits de nos Économistes, et que le public ne finisse par rire des uns et des autres, nous compris ? Nous en avons, en vérité, peur.) L'anonyme vanté, dans l'ouvrage de M. Say, *son admirable clarté, le jugement solide et l'érudition qui se montrent dans toutes ses pages.* M. Say *a enfin remplacé des systèmes par des observations* (Dieu soit loué!), *et l'Économie politique est devenue, entre ses mains, une science purement expérimentale.* (A la bonne heure ! Nous allons acheter son livre. Dieu veuille que cette fois nous ne soyons pas déçu ! Mais, cependant, trois volumes, au lieu de deux, sur la Richesse, branche accessoire de l'Économie politique, qui n'en comporte pas, en bien divaguant, le quart d'un ! *Tacite,* dit Montesquieu, *abrégeait tout parce qu'il voyait tout......* « Si le système de M.... (dit le même Montesquieu) avait eu de bons fondemens, il n'aurait pas été obligé de faire trois mortels volumes pour le prouver. » [*Esprit des Lois.*])

NOTA. C'est avec beaucoup de surprise que nous trouvons, dans la *Revue encyclopédique* de novembre, qui paraît à l'instant, les étranges révélations qu'on va lire :

« Une des plaies les plus honteuses de la presse anglaise, c'est le manque de conscience de la plupart de ses journaux. Ici, *comme en France*, c'est bien moins le mérite modeste et sans appui qui obtient les éloges, que la médiocrité intrigante et vaniteuse ; et Londres présente, *aussi bien que Paris*, l'affligeant spectacle d'écrivains servilement dévoués aux intérêts d'une coterie, d'une caste ou d'une faction.

» Il fallait toute l'indépendance et tout le courage que donne la jeunesse, pour oser attaquer les honteuses manœuvres des folliculaires modernes ; pour oser dévoiler la partialité des journaux en vogue, et livrer au fouet vengeur de la critique les articles menteurs des faiseurs de réputation....

» Frédéric DEGEORGE. »

Rien n'est beau que le vrai, le vrai seul est aimable.

Dieu nous préserve de la stupide ignorance qui retient dans l'erreur, et du vain faux savoir qui y reconduit !

En disant, *page 21 : « Et sur-tout en confiant à M. Say cette chaire »*, *nous avons entendu la chaire du Conservatoire royal des Arts et Métiers, celle de l'École de Droit de Paris n'ayant point été donnée.*

DISCOURS FINAL.

« Je ne connais pour l'homme aucun mal égal à celui d'avoir des idées fausses », disait Socrate. Il disait encore : « Je suis de ces gens qui aiment qu'on les réfute, lorsqu'ils ne disent pas la vérité ; qui aiment aussi à réfuter les autres, quand ils s'écartent du vrai; et qui, du reste, ne prennent pas moins de plaisir à se voir réfutés qu'à réfuter. Je tiens, en effet, pour un bien d'autant plus grand d'être réfuté, qu'il est véritablement plus avantageux d'être délivré du plus grand des maux (les idées fausses), que d'en délivrer un autre. »

Dieu, qui voit au fond des ames, est témoin que nous partageons cette manière de voir de Socrate. Nous aimons à croire que M. Say la partage aussi, puisqu'il blâme énergiquement ceux qui défendent leurs opinions *avec la crainte d'être convaincus, plutôt qu'avec le désir d'arriver au vrai*. Qu'il cesse donc de repousser avec dureté et dédain, comme il le fait dans ses écrits, les idées de ses adversaires. Ceux-ci ne sont-ils donc pas de bonne foi comme lui ? S'ils se trompent, comme il le croit, au lieu de les blâmer, ne doit-il pas les plaindre et les éclairer?

Qui peut, hélas! se flatter d'être infaillible? certes, aucun mortel. D'instant en instant on envisage autrement les choses, et c'est toujours au moment présent qu'on croit les mieux voir. Nous osons en appeler, à cet égard, à M. Say lui-même, dont, à chaque édition, les écrits ont varié. Or, si d'instant en instant on voit différemment, peut-on raisonnablement, à un instant quelconque de la vie, se flatter de bien voir? En vérité, excepté en mathématiques, nons ne le croyons pas.

Soyons donc indulgens les uns pour les autres, comme nous sommes obligés de l'être pour nous-mêmes qui, à tout instant (chose bien humiliante pour notre amour-propre!), nous surprenons en défaut. Certes, s'il y a quelqu'un qui n'éprouve envers lui-même cette humiliation qu'une fois par jour, nous envions son sort.

Nous avons long-temps vu comme M. Say, ainsi que nous l'avons ailleurs avoué. Aujourd'hui nous voyons tout différemment. Si demain nous voyons d'une nouvelle manière encore, nous ne rougirons pas de l'avouer : il y aurait à rougir d'en agir autrement.

Quoi qu'il en soit, l'intolérance appelle l'intolérance. A une critique ironique, où l'on nous taxait d'ignorance complète, nous avons répondu avec quelque humeur, dans notre écrit précédent; à la critique de cet écrit, où le gendre de M. Say a entrepris de nous représenter comme ridicule, nous venons de répondre sur un ton qui n'est pas dans notre caractère. Nous avons récriminé contre M. Say et M. Comte, et nous en sommes à présent (tant les idées sont peu stables!) honteux et fâché. Si ces messieurs ont fait mal, devions-nous les imiter? Non : nous devions les faire rougir de leur faute, en évitant d'y tomber. C'est une turpitude indigne de ce siècle d'en agir autrement.

Nous reconnaissons, en relisant notre écrit après l'impression, que nous avons eu d'autant plus de tort, que les récriminations, loin d'ajouter aux preuves, en diminuent la force. Ce sont d'ailleurs, il faut en convenir, des armes bien faciles, et, par cela même, au seul usage des faibles. Celles qui ne le sont pas, ce sont les bonnes, les péremptoires raisons; et l'expérience a toujours prouvé que ce n'est qu'à leur défaut qu'on recourt à d'autres.

Nous souhaitons qu'on trouve que ce n'est pas là notre cas. Nous promettons d'ailleurs aux lecteurs de ne plus retomber à l'avenir en semblable faute. Si ceux dont il n'est plus en notre pouvoir de continuer à partager les opinions, *parce que nous avons la conviction qu'elles sont fausses*, nous donnaient de nouveau sujet d'y retomber, nous ne les suivrions plus sur ce terrain : nous avons trop de regret de nous y être engagé deux fois sur leurs traces.

FIN.

VALENCE, IMPRIMERIE DE MARC AUREL.